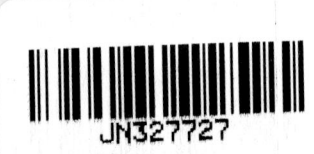

1日7分で かっこいいからだをつくる 乳酸ダイエット

アレン・アントニオ・恵 著

セルバ出版

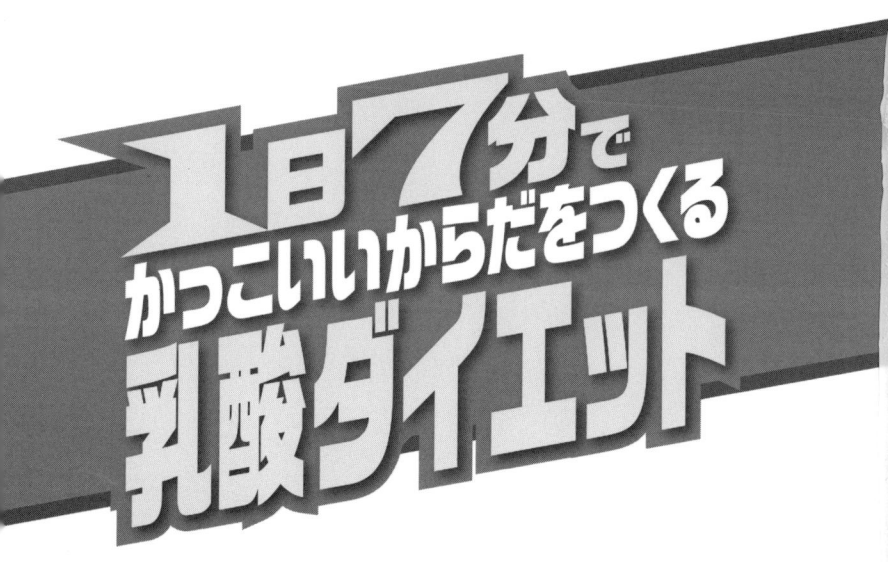

はじめに

友人が「アレン（筆者の本名）、ダイエットしてモテるカッコいいからだになりたいんだけど・・・どうすればいい？」と、聞きます。

ここで早速注意することがあります。

「ダイエットはするものではない。そして「ダイエット資産」をつくってくれ。そうすれば勝手にモテるカッコいいからだは手に入る」

巷で流行する色々なダイエット方法を聞かれたことがあるからわかるでしょうが、どのダイエットも「痩せる」ことが主眼。しかし、どのダイエットもほとんどリバウンドしてしまうのが現状です。

実際にジムで働いていると新しいダイエット方法の情報が入ってきます。

その中には、プロのトレーナーなら「絶対にやらない危険なモノ」もあったりします。

あるいは「これは本質的にどうなの？」と思うものもあります。

今の時代にモテるからだへの必要なダイエットは、実は1つしかないのです。

モテるからだへのダイエット自体は、そもそも「する」ものではありません。ダイエットは「ある」状態にするのが望ましいのです。

つまり、自分が減らそうとして頑張るよりも、勝手に脂肪を減らしてくれるようにすればダイエットはする必要がなくなります。そして、それは1日7分間で行うことができ、モテるからだになれます。

これが本来の正しい姿なのです。

野球暦18年、トレーニング歴は15年以上、スポーツ学部の大学に進み、フィットネスクラブにも勤続。２０１２年にはカッコいいからだとしてＢＢＪ（ベストボディジャパン）にも出場しました。

思春期をむかえると、やはりスタイルが気になります。人は見た目が9割なので、モテるカッコいいからだ（細マッチョ）になりたいのです。

僕自身テレビや雑誌などに書いてあるダイエット方法（一時的に効果的なもの）を試行錯誤し続けていました。しかし、これはほとんどがいたちごっこの状態でした。

僕は食べるのが大好きです。カレー、カツどん、ラーメン、ハンバーグ、スパゲッティ、ぶどうパン、ホットケーキ、お餅、カロリーが高い物等なんでも好きです。

しかし、太るのはスタイルが気になるから絶対に嫌でした。太りたくはない。しかし食べたい。このように葛藤している毎日でした。あなたも同じではなかったでしょうか。

好きなものを食べつつ、太らない。こんな話はないと思っているに違いないでしょう。

でも、本当はあります。

それはダイエットを「ある」状態に持っていくことができれば、好きなものは食べられます。そしてリバウンドをしなくてすむのです。もちろん継続は絶対条件です。

更には、健康が保たれ、モテるキレイ（カッコよく）なからだになります。それは1日に何時間もキツいトレーニングや有酸素運動を何時間もやる必要は全くありません（何度もいいますが、継続は必要です）。そして好きなものを食べていくことができます。

そしてもう1つお伝えしたいことが、「ダイエット」への誤解です。「体重を減らす」ことがダイエットと思われていませんか。

実はあなたが今までしてきたそれは「減量」です。本来のダイエットの定義は「食事によって肥満を防ぐ」ことなのです。

何が違うかというと、ダイエットは「余分な脂肪を落とす」ことをいっていますが、減量は「落とさなくてもよいものも落としている」のです。

つまり、「落としてはいけないものを落としている」わけです。実はこれが僕がいたちごっこだった理由の1つです。

減量はモテるために必要な〔ダイエット資産〕を落としているのです。それ故に結局リバウンドしてしまうのです。

本書は、是非自分を変えたい方、健康的にダイエットを「ある」状態にしたい方におすすめします。

是非ともこの1冊で正しい考え方を身に付けていただきたいと思います。そしてそれは1日7分の効果的なやり方ですることは可能です。

モテるからだは簡単に手に入れることができます。エッセンスを取り入れていただければと思います。

平成26年9月

アレン・アントニオ・恵

1日7分でかっこいいからだをつくる乳酸ダイエット　目次

第3章　考え方を変えた瞬間から乳酸ダイエット！　実践編

第4章　モテ度グッとアップ！　乳酸ダイエット！　中・上級編

本書に入る前に

本章に入る前に、あなたにはこれまでのダイエット、トレーニングのことや、思い込み、間違った考えを直していただくようお願いします。

本書は、僕自身が失敗をしてきたことを踏まえて記述していますが、これまでの体験などを経て科学的な根拠も含めて成功も記述しています。

これで多くのお客様も成功しています。ですから、今までの常識というものが変わるかもしれません。少しでも知識の1つとして活かしていただけたらと思います。

そして、後述する「ダイエット資産」をつくっていくにあたり、これまでの考え方を変えなければ今までとなんら変わらず、一緒になってしまう恐れがあります。

「ダイエット資産」をつくることがあなたをカッコよく、キレイにモテるようにしていく必要のあるものなのです。

それは、1日7分からつくることができます。

第1章　乳酸ダイエットとは？
基礎の知識＆エクササイズ編

1　ダイエットはしないほうがいい！

ダイエットはしてもらう

最初にも説明しましたが、皆さんダイエットをするというとどうしても間違った方法をしてしまう方が多いです。

そもそもダイエットはしないほうがいいのです。

無理な食事、急激な有酸素運動、自己満足のトレーニング、誰もが経験をしたことがあるのではないでしょうか。

また、それによってどのくらいの効果がでるのでしょうか？

中にはストレスを感じてしまってダイエットをする前より体重が増えてしまったり、普段あまり行わない有酸素運動で膝を痛めてしまったり、はたまた効いているのかわからないトレーニングを行って時間を無駄にしてしまったりと色々な問題を抱えてしまいます。

ですから、まずは「ダイエットはしないを心掛けてください」というと何もしなくていいというわけではありません。

自分自身がダイエットを行うのではなく自分以外のものに働いてもらって勝手に脂肪を

燃やしてもらうのが一番良いのです。

つまり「ダイエットはしてもらう」のです。

基礎代謝をあげる

このダイエットをしてもらうというのは、ズバリいうと「基礎代謝」を上げていただくということです。

基礎代謝とは1日に何もしなくても生命維持のために使用されるエネルギー、カロリーのことをいいます。

そして、この基礎代謝をあげる方法は1つしかありません、それは筋トレです。からだの中のあるものの量に比例しているのですが、実は筋肉なのです。有酸素運動では基礎代謝をあげることは非常に難しいです。

また、食事によるコントロールばかりでは、この基礎代謝は逆に下がってしまいます（筋肉が減ってしまいます）。

筋力トレーニングを行うことによって「ダイエットをしてもらう」状態にするのです。

近年の健康ブームでトレーニングが欠かせないことは、皆さんも周知のとおりでしょう。

筋力トレーニングを行うのにも様々の種類があり、何を行えばいいのかわからなくなるこ

【図表1　超回復のしくみ】

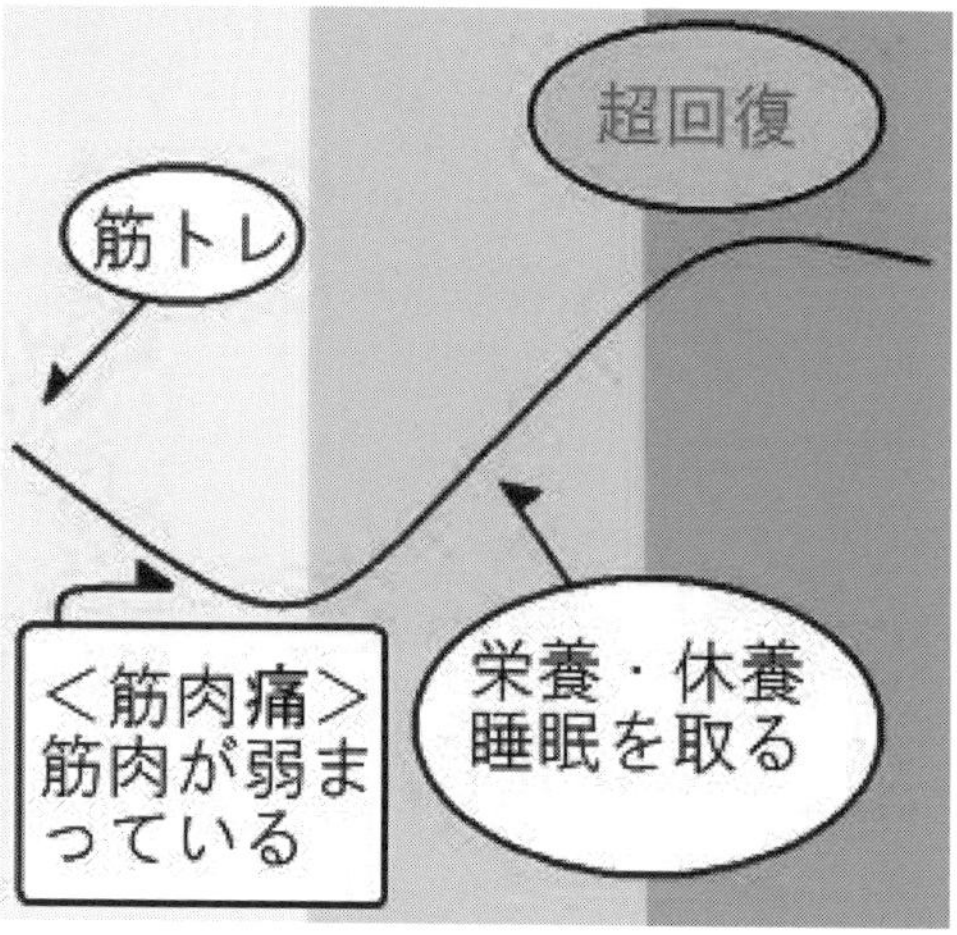

ともあると思います。

　そこで、どのようにして筋肉が使えるようになって勝手にダイエットをしてくれるようになるのかをご説明したいと思います。

　筋肉というのは、実は使っているだけではだめなのです。「破壊」しなければいけません。

　破壊すると言っても引きちぎったりするわけではありません。

　筋力トレーニングをすることによって筋肉の繊維、筋繊維が微細な損傷を起こし、そこにたんぱく質を引き寄せて筋肉が合成されて「今度は負けないようになるぞ！」といって筋肉が強くなります。

　こうして筋肉は強くなっていくので

【図表２　トレーニング・栄養・休養のバランス】

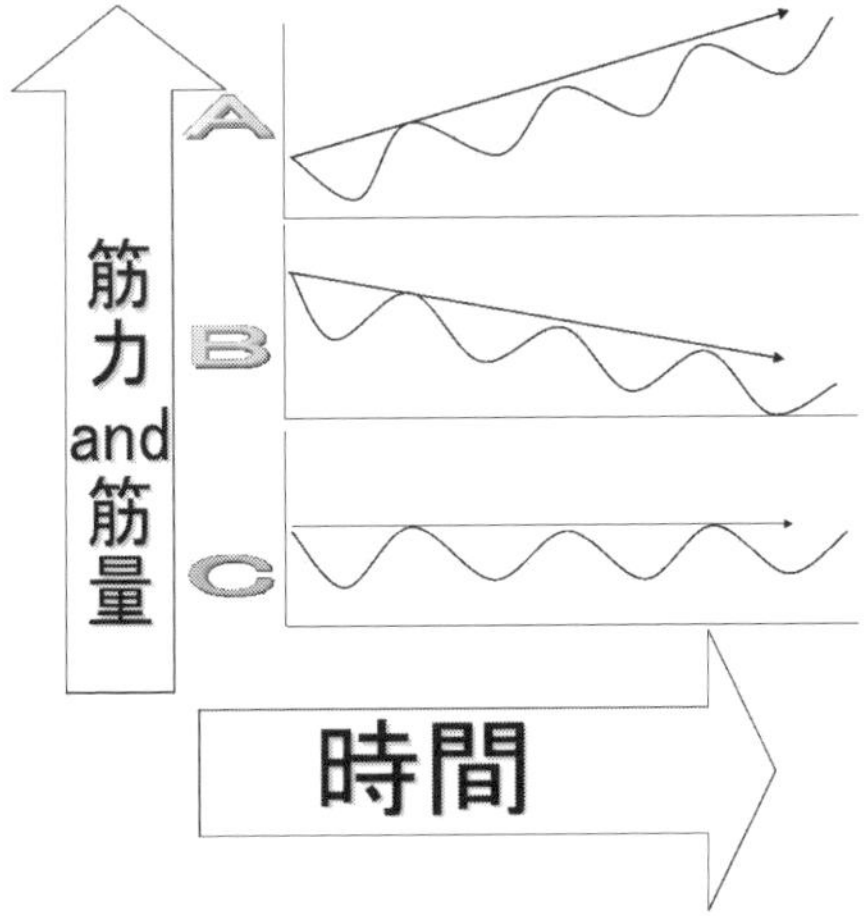

す。

この現象を「超回復」といいます。

図表2をみてください。

A：トレーニング・栄養・休養がしっかり取れている理想の状態です。

B：トレーニング後、回復がない状態で行ったり、栄養・休養が足りていない状態で一番避けなければいけません。

C：トレーニングの期間が空いたり、栄養・休養が疎らになるとこのような状態になってしまうことがあります。

乳酸（ラクティス）ダイエット

超回復は中2日～3日は最低でも時間を空けてあげないといけません。

それよりも早くトレーニングを行ってしまうと、筋肉はより破壊されてしまいトレーニング以前より弱くなってしまう可能性があります。

ですから、筋肉痛が残っている状態の部位はトレーニングを控えてあげましょう。この超回復を経て筋肉がつき、そして基礎代謝があがり勝手に脂肪を燃焼してくれるからだができあがるのです。

これは先程言ったように微細な損傷を起こし、筋肉がつくられるいわゆる「物理的な筋肥大」です。それと平行して行うと非常に効果的な「科学的な筋肥大」を起こす方法があります。

それが乳酸（ラクティス）を活用したトレーニングで生活習慣を意識したものが「ラクティス・ダイエット」なのです。近年流行った加圧トレーニングやスロートレーニングがそれにあたります。

ここでのラクティスダイエットは、普段の生活の中にも取り入れることのできる運動もあり、またウェイトを活用した実生活で活かすことができるトレーニングで、更には食生活、生活習慣を含め考え乳酸（ラクティス）を活用したトレーニングそれを総称して乳酸（ラクティス）ダイエットといいます。

2　炭水化物と乳酸（ラクティス）の有効利用がキモ

炭水化物が太る原因

今現在、炭水化物が太る原因というのはあなたも知っていることかと思います。炭水化物というのはご飯やパン、麺、芋、お菓子、果物、穀類、根菜など糖質が多く含まれている食品を指します。

近年では低炭水化物ダイエットが流行っていますが（僕もほとんどの方に推奨しています）、50％以上コントロールする場合、プロのトレーナーや栄養士がいないと行うことはあまりおすすめしません。

糖質は脳みその唯一のエネルギー源でもあり、糖質というのは人間のからだの中に入ると血液の中にも流れます。糖が血液の中に流れると、これが「血糖値が上がる」といわれるものです。

血糖値が上がりにくい食べ物がある

血糖値が上がると、今度はすい臓からホルモンであるインスリンが放出されます。そのインスリンが間接的に糖質を脂肪に変えてしまうのです。

こうしてからだの中に脂肪が蓄えられていくのですが、実は糖質も全部が全部悪いわけではありません。

糖質の中にもこの血糖値が上がりにくい食べ物があります。よくいわれている「ＧＩ値（グリセミック・インデックス）が低い」ものです。

身近なものでいうと蕎麦やオートミール、玄米等があります。

このようにＧＩ値が低いものを摂取することで血糖値があがりにくくすることが大事です。糖質は非常に使用しやすいエネルギーなのですが、それ故にこの糖質が使われないと次に脂肪というのはなかなか使われにくいのです。

しかし、筋力トレーニングを行うことによってこの糖質が使用され、乳酸が発生します。

糖質（エネルギー）の残りかすが乳酸

実は糖質（エネルギー）の残りかすが乳酸なのです。このエネルギーの残りかすの有効利用が重要になります。

トレーニングで言いますと、乳酸（エネルギーの残りかす）を蓄積させることによって血流に渋滞を起こさせます。渋滞が起こることによって今度は血管拡張が起こります。

【図表３　糖質・脂肪の利用方法】

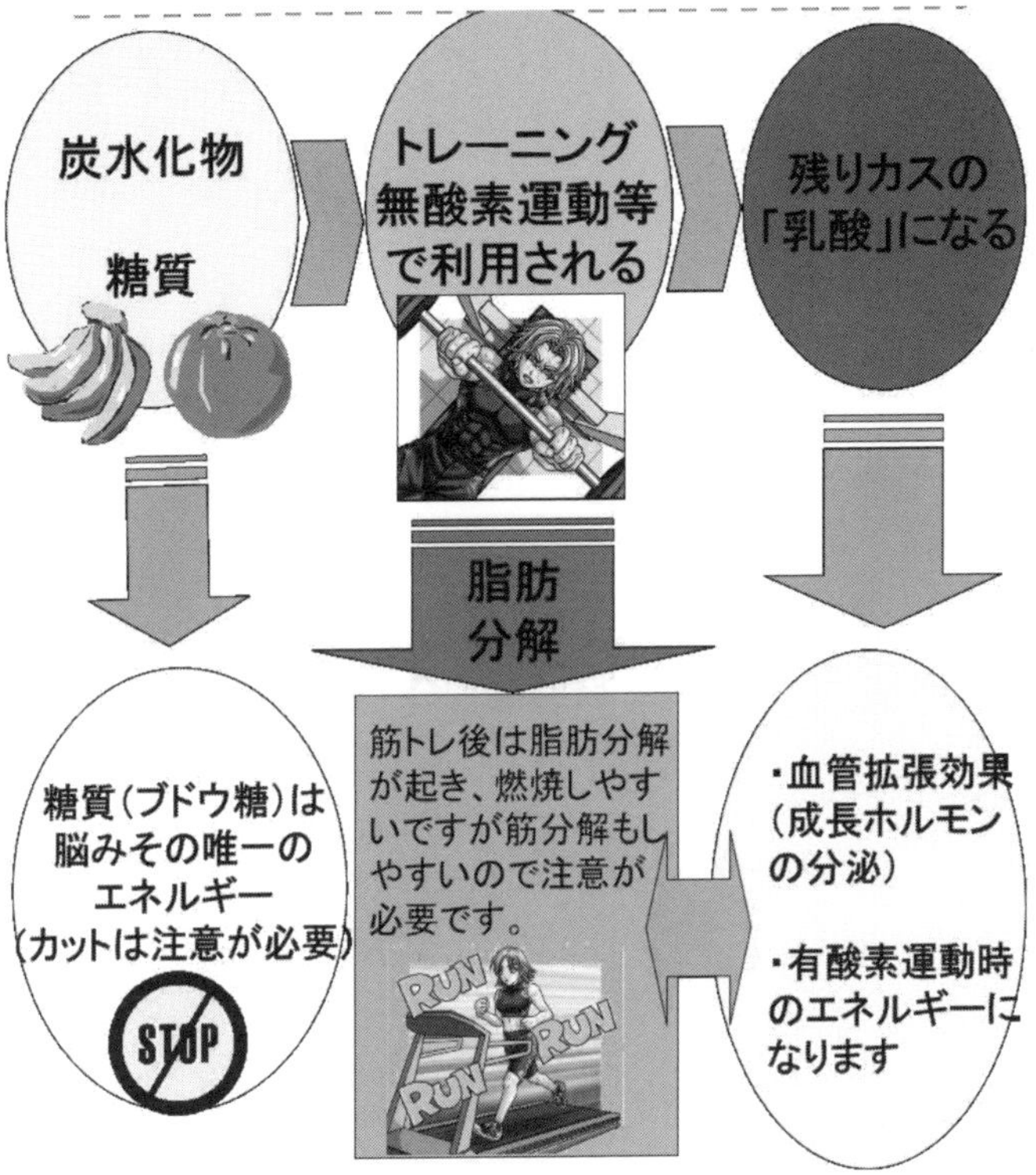

この血管の拡張で成長ホルモンが分泌され筋肉の発達が促されます。

また乳酸発生直後にこのエネルギーの残りカスで軽い有酸素運動を行うことによって脂肪の燃焼を図ることも可能です。

ですから、乳酸を有効利用することで筋肥大と脂肪燃焼、更には基礎代謝のアップができるのです。
※主食をコントロールして減らしたとしても他の食品にも「糖質」は入っているので乳酸の利用は可能です。

ＧＩ値を上げない方法

ＧＩ値を上げない方法として緑の葉物を先に食べる方法があります。食べ物でいうとキャベツ・ほうれん草・小松菜・ベビーリーフ・ワカメなどです。

これを約１５０～２００g程度完食したあとにお肉やお米を食べることによって血糖値の急上昇を抑えることができます。

野菜の中に含まれている食物繊維がお肉や炭水化物に入っている糖質を小腸で覆ってくれます。

それによって脂肪の蓄積を防ぐことが可能となります。

3　アンチエイジングで老化防止できる！

ボディビルダーが行う生活習慣やトレーニング方法を活用

さて、この乳酸を活用したラクティス・ダイエットなのですが、実はボディビルダーが行う生活習慣やトレーニングの方法を活用したトレーニングでもあります。

そして乳酸を蓄積させて成長ホルモンを分泌させることによって若返りの効果や美肌効果等が期待できるのです。

また筋肉もつくので見た目も劇的に変化します。男性であれば筋肉質になり、細マッチョになれます。

女性であれば、しなやかな女性らしいキレイなラインをつくり、ヒップアップ・バストアップ、ウェストのくびれをつくることが可能です。

先程のボディビルダーと聞かれてこのように思った方がいらっしゃるかもしれません。ムキムキにはなりたくないのだけど！

ジムではパーソナルトレーナーといって、お客様について正しいフォームや情報の提供を行っています。

パーソナルトレーニング

そんなある日、女性の方がダイエットをしたいということでパーソナルトレーニングを希望されてきました。

アレン「はじめまして、トレーナーのアレンといいます。よろしくお願いいたします」

女　性「よろしくお願いいたします」

アレン「それでは今回はダイエットということですが・・・」

女　性「あの！　私アレンさんみたいにムキムキにはなりたくないんですが・・・」

女性はホルモンの関係で、ムキムキにはならない

なのですが、信用してもらえないかもしれないのでもっと言っておきましょう。

女性はムキムキにはならない。

女性はムキムキにはなれない。

女性のお客様は僕を見ると、そして指導されるとまるでムキムキになるのではないかと心配する方が時々いますが、ボディービルダーのように筋肉が付くためにはまず男性ホルモンが必要になります。

女性は、平均して男性ホルモンが男性よりも15～20倍少ないのです。それに筋肉が付く

のを抑える女性ホルモン（エストロゲン等）の働きもあって、まずムキムキなるのは無理なのです（男性でも少し時間がかかります）。

更には筋繊維の数も合計すると男性より数が少ないのでどう考えてやっても無理なのです。

「うわっ！　筋肉付いた！」という女性が時々いますが、トレーニング直後にパンプアップ（血液中で水分や乳酸、老廃物が渋滞している状態）しているか脂肪のどちらかです。

筋肉がつくことで姿勢をキレイに保つこともできる

なので、心配する必要はありません。男性でさえつけるのに苦労しています。残念ですが、そんな即効で簡単にはつきません。

しかもトレーニングを行うと、筋肉がつくことによって女性の場合であれば、からだは逆にキレイに細くなっていくのです。というのも、脂肪のほうが体積が多く、筋肉のほうが体積が少なく筋肉には引締めと引上げの効果があるためです。

また、よく誤解されてしまうのが「体重」です。

脂肪は筋肉よりも軽いのです。つまり、からだが大きくて体重が軽いというのは最悪です。逆に、からだが細く見えて体重が重いというのはダイエットを「ある」状態にするう

【図表４　筋肉とホルモンの関係】

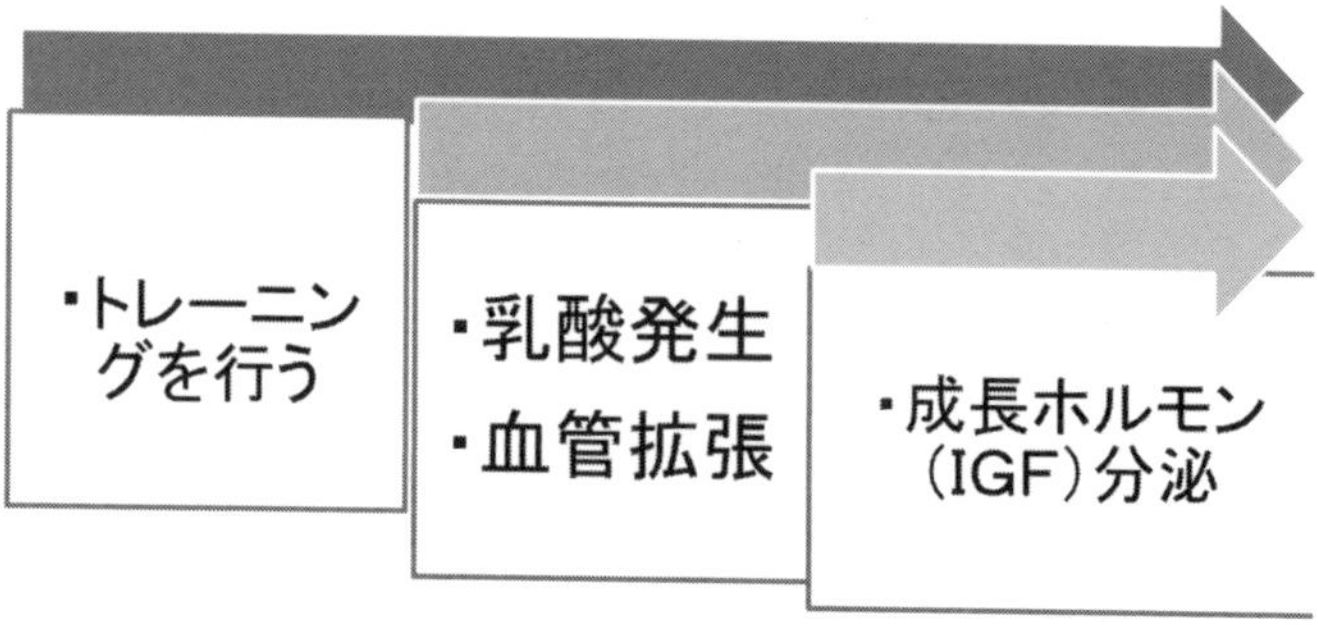

成長ホルモンの分泌により筋発達をさらに促進させるようになるのも魅力である。

トレーニング実施後の異性間での ホルモン分泌の相違		
男性ホルモン	→	トレーニングにより男性に多く分泌される
女性ホルモン	→	トレーニングにより女性に多く分泌される

女性は男性と比較すると男性ホルモンの分泌が15から20分の１程度である。そのため、急激な筋肥大はかなり起こりにくい。

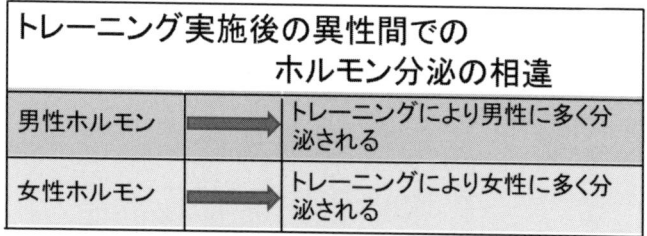

えでは非常にいいことです。なので「体重」はあくまでも目安にしてください。
筋肉がつくことで姿勢をキレイに保つこともできるようになり、表情も豊かになります。ホルモンバランスもよくなりますので乳酸（ラクティス）を活用したトレーニングをやらない理由はないのです。

4　腹筋エクササイズ　基礎編①

初心者の方でも簡単に行えるもの

まずはじめにあなたがとても気になっている部位はここではないでしょうか？
若き頃と見違えるまでに成長してしまったお腹を鍛えなおしてあげましょう。
ここでは、初心者の方でも簡単に行えるものをお伝えしていきます。

クランチ（腹直筋）

①　２秒かけて膝をゆっくりと伸ばします。このときに息は吸ってあげます。（腰が痛い方は控えてください。イス等を活用してあげましょう。

②　１秒で腹筋を意識して膝をできるだけお腹に近づけます。このときに息は止めないよ

うにはき、続けてあげます。

ツイスト（外腹斜筋、内腹斜筋）

①２秒息を吐きながらお腹を横に捻転します（自分が向く方向のお腹の横を意識します）。
捻転し終えたら息を吸います。

②反対側も同様に２秒息を吐きながら捻転します。

5　脚&腰エクササイズ　基礎編②

脚を細くしたいというのは、女性なら誰もが思ったことがあるはずです。実はトレーニング効果が非常に高いのが脚のトレーニングなのです。

脚にからだ全体の7割程度の筋肉が集まっているのです。

なので、多少キツいですが効率的に結果を出したいのであれば避けては通れない種目となります。

ブルガリアンスクワット（大腿四頭筋、大殿筋）

① 脚を後ろのイスにかけてあげます。

立つときは踵に重心が乗るようにしてください。（脚の幅が狭すぎると後ろ足の前側が痛くなります）

② 2秒かけてゆっくりお尻と膝が平行になるまで降ります。

踵とお尻を意識して1秒で①の状態に戻りましょう。（少し前傾しても構いません）

スクワット（大腿四頭筋、ハムストリングス、大殿筋）

① 脚を肩幅よりも広げてあげて、つま先は若干外に向けて直立します。

② 2秒かけて息を吸いながらゆっくりと下半身を意識しながら、からだを降ろしていきます。お尻と膝が平行になるまで下げていきましょう。平行になったら息を吐きながら1秒で①の状態に戻ります（膝がつま先よりも前に出ないようにしてください）。

6　肩周り＆背中＆胸エクササイズ　基礎編③

これらのエクササイズ部位は、上半身の中でも特に大きい筋郡です。背中には「褐色脂肪細胞」という脂肪燃焼に優れた細胞があります。

背中の筋肉を鍛えることによって炭水化物を上手く利用して、乳酸を蓄積できます。

つまり、刺激を与えることによって効果を上げることができます。

更には姿勢も良くなりますので普段から脂肪を燃焼しやすい体質改善を図ることができるようになります。

デッドリフト（脊柱起立筋）

① ゆっくりと2秒かけて息を吐きながら上体を前傾姿勢にしていきます。
手を脛の高さまで下ろしてあげます（必ず顔が下を向かないようにします。背中も丸めないようにしてください。つま先が膝よりも前にでないように注意しましょう）。

② 息を1秒吐きながら上体を起こします（絶対に腰を丸めないようにしましょう。背中の下部をしっかりと意識してあげます）。

フロントプル（広背筋）

① 腕を伸ばした状態から背中を意識しながら1秒でバーを胸に引き付けます。

② バーを胸に引き付けたら、２秒かけてゆっくりと腕を伸ばしていきます。

インクラインチェストプレス（大胸筋上部）

① 2秒掛けて息を吸いながらからだが45度以上前傾するようにします（背中が丸まったり、腰を後ろに引き過ぎたりしないようにしましょう）。

② 息を吐きながら1でからだを起こしてあげます。親指の内側にしっかりと力を入れながら行います（手首が曲がらないように注意しましょう）。

第2章　乳酸ダイエットで かっこいいからだづくり　食事編

1　食事の割合

1日に必要なカロリーはいくつ

あなたは1日に必要なカロリーはいくつだかわかりますか。

ジムなどに行けば、基礎代謝を計ってくれる機械があるので非常に楽ですが、もしない場合には（あくまで概算ですが）自分の　体重×〔運動量〕　を計算するとよいでしょう。

普段からあまり運動をしていない場合（デスクワーク）は22～25、日頃からまあまあからだを動かす（ジムに通っている）は25～28、結構動くことが多い（スポーツ選手）は28～30を先ほどの運動量のところに入れてみましょう。

そうすると、あくまで概算ではありますが、1日にどのくらいの最低のカロリー摂取が必要であるかがほわかります。

運動（普段の生活の活動）によって落とせる脂肪の割合はどのくらいかといわれれば、それは大体3割程度です。

残り7割は食事です。「たった3割?」と思われたかもしれません。

しかし、年間や一生を通せばそれは3割どころではありません。

「ダイエット資産」を大きくするか働かせればもっと落ちるのです。

１日に摂らなければいけない食事の割合

では次に1日に摂らなければいけない食事の割合を説明しましょう。

炭水化物5～6割、脂質2割、たんぱく質2～3割です。

これは一般の方々が必要になる割合です。これを見てわかるように炭水化物は絶対に抜いてはいけないです。

50％以上抜いてコントロールする場合には、必ずプロのトレーナー、栄養士、お医者さん等に相談してから行うようにしてください。

※僕は糖質のコントロールは推奨しますが、糖質を抜くだけでは筋肉は減ってしまいます。必ず運動・生活習慣を改善している上で行ってください。

必要なカロリーが１日２０００カロリーだった場合

あなたの必要なカロリーが1日２０００カロリーだった場合、炭水化物は約１０００カロリー分食べることが可能です。この数値を守ることが非常に重要となります。

炭水化物は1gで4カロリーなので、１０００÷4で1日２５０gまでの炭水化物を1

日に摂ってもいいということがわかります。

ただ1つ注意することが「ご飯=炭水化物単体」ではないということです。ご飯一杯の場合、40g~50g程度が炭水化物なのです。

逆を言えば、「野菜だから炭水化物が入ってない」というわけではありません。なかには炭水化物の野菜もありますので、ここは注意が必要となります。炭水化物の多い野菜の例をあげると、ニンジン、じゃがいも、たまねぎ等の根菜があります。そしてなによりも食べる量とタイミングが大切になります。人間のからだは夜はお米などの主食、つまり糖質は必要ありません。何故なら他の食事の中に含まれていますし、何よりも夜はからだが脂肪を蓄えやすくなっているからです。

というのも、夜は活動が少なくなっており、体自体も眠りに入る準備をしているので、代謝が下がります。

夜は炭水化物を多く含まない食事を心掛けよう

夜は炭水化物を多く含まない食事を心掛けましょう。

「さっきはいっぱい食べれるっていったじゃないか！　話が違う！」という方、安心してください。朝はいっぱい食べてもいいのです。思う存分食べてください。

きついかもしれませんが、朝食を摂ることによって筋肉の分解を防ぐことも可能になります。

「朝はそんなに食べれないよ」という方、それは「夜にご飯をいっぱい食べている」からです。生活習慣の改善が必要になります。

前日の夜に炭水化物（主食）を控えておけば、朝ごはんはいっぱい食べられます。更に朝いっぱい食べても、それはエネルギーとして使われるため、脂肪になりにくいのです。

そして、エネルギーとして利用されれば、脂肪も使用されやすくなるので一石二鳥です。しかし、夜に食べると、人間はそれ以降エネルギーを使うことがなく「寝る」ことしかしないのでエネルギーが貯蔵されていきます、

こうして使われない炭水化物は、脂肪に変わります。そして朝起きると胸がムカムカ、食欲が湧きません。

そしてお昼を過ぎた辺りからお腹が空き始め、夜は更にお腹が空きご飯を食べる。そして翌朝胸がムカムカ、と悪循環に陥ってしまうのです。この悪循環に入ってしまうと太ってしまいますし、太りやすいからだになってしまいますのです。

ですから、まずは今日から夕飯は炭水化物の量を少し減らして、朝に食べるようにしましょう。そうすれば自然と朝食のときにはお腹が空くのです。

更には自然とダイエットが行えている状態になるので、モテるからだになれるのです。

2　脂肪は良質なものを選ぶ

脂肪がなければ生きていけない

あなたが悪者に扱いしている脂肪。脂肪は1g当たり9kcalととてもエネルギーが大きいのです（炭水化物4kcal、たんぱく質4kcal）。

しかし、この脂肪がなければ僕達は生きていけません。しっかり摂らないと、お肌もカサカサになってしまいます。脂肪の本来の働きは熱を保つ・エネルギーの貯蓄・、そしてホルモンの生成なのです。

脂肪がなければダイエット資産はつくれません。なんともややこしい話ではありますが事実です。

ダイエット資産をつけてから脂肪を落とす

ダイエット資産をつけてから脂肪を落とすようにしましょう。そうすることで大事な資産を守りながら、脂肪を落とすことができるのです。

脂肪には種類があります。ここでは3種類紹介していきたいと思います。

まず一番目の脂肪は「動物性の脂肪」です。鶏、豚、牛、これらの脂肪は極力摂るのを制限してあげないといけません。

なぜなら、この動物性の脂肪こそからだにつきやすいものなのです。これらの脂肪がつきやすいのは人間の体温よりも動物の体温が高いためです。

人間のからだに入ると、これらの脂肪は液体化が難しくなってきます。そうするとからだの中に留まりやすくなってしまうのです。極力避けましょう。

続いて「植物性の脂肪」です。この脂肪は動物性よりも優れています。血液をサラサラにしてくれる効果があります。オリーブ油、ココナッツ油、なたね油、などがそれにあたります。ただこの脂肪も摂りすぎには注意していただきたいです。

そして最後に挙げるのが魚の油です。この油が最高に良いのです。皆さんも是非積極的にとっていただきたいです。この油も植物性の油と同様に血液をサラサラにしてくれて、更にはダイエットの効果もあるのです。

おすすめは鯖の水煮やサーモンです。僕が大会に出る前やお客様には積極的に摂っていただいたり、摂るようにすすめています。皆さんにも是非摂っていただきたいです。

注意点は、植物性の油を摂り過ぎると働きが悪くなるので植物性は程々にしましょう。

3　筋肉の唯一の材料たんぱく質

たんぱく質の役割

たんぱく質の役割はずばり、「ダイエット資産」の構築です。

トレーニングをしてもこのたんぱく質がなければ資産はつくれないのです。ですから、積極的にたんぱく質は摂るように心掛けましょう。

運動をあまり行わない方の１日に必要なたんぱく質量は　体重　×　１ｇ　です。

しかし、運動を行うとなると　体重　×　１・５ｇ～２・０ｇ　は必要になります。

体重70kgあれば１０５ｇ～１４０ｇが１日で必要となります。

たんぱく質は１回の食事で吸収できる量は40ｇまで

ここで注意していただきたいことは、たんぱく質は１回の食事で吸収できる量は40ｇまでとなっていることです。

40ｇを超えると、残りは流れるか、脂肪として蓄えられるかのどちらかです。

魚丸々１匹のたんぱく質量は約20～25ｇ、お肉１００ｇのたんぱく質量も同じく約20～

【図表５　脂肪の種類と評価】

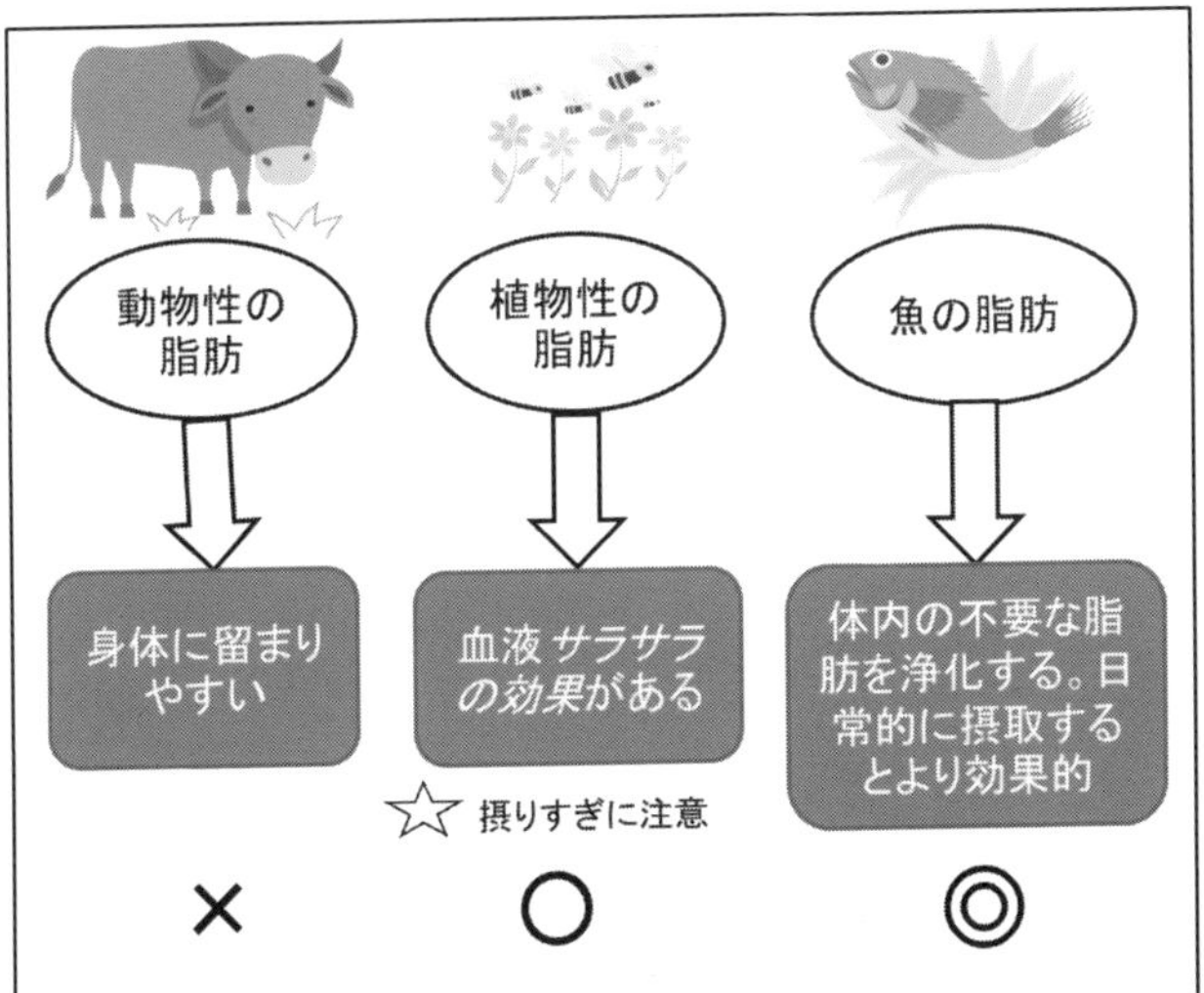
動物性の脂肪
植物性の脂肪
魚の脂肪
身体に留まりやすい
血液サラサラの効果がある
体内の不要な脂肪を浄化する。日常的に摂取するとより効果的
☆ 摂りすぎに注意
×
○
◎

筋トレ・ダイエットに適した食物由来の脂肪の評価

	タンパク質	その他
プロテイン	◎	質は高く高タンパクだが自然由来のモノではない。
魚	○	バランスの良い食品、積極的に摂りましょう
植物性	△	体の調子を整える栄養が豊富。筋肉は付きにくい。
動物性	○	ビタミンが豊富で疲労も回復してくれる。脂に注意。

筋トレ・ダイエットに適した食物由来のタンパク質の評価

25gです。このたんぱく質の摂取は何があっても必ず行ってください。

4　トレーニング中に摂るもの

ダイエット資産を守るサプリメント

あなたが運動する際には何を飲まれていますか。スポーツドリンクなどを飲まれているのではないでしょうか。

僕も飲んでいますが、スポーツドリンクではなく、サプリメントを飲んでいるのです。スポーツドリンクの場合、糖分が含まれていたりするので悪くはありませんが、激しい運動をしないのであれば水などで十分です。

次に、モテるからだになるための「ダイエット資産」を〝守る〟サプリメントの代表的なものを2つお伝えしようと思います。

プロテイン

まずはプロテインです。プロテインはたんぱく質のことをいいます。

プロテインは今では巷でも当たり前にはなってきていますが、ただ誤解も沢山あります。

このプロテインは「ダイエット資産」の構築に非常に役立ちます。

つまり、プロテインを飲めばダイエットが「ある」状態になりやすく、おのずとモテるからだになるのです（もちろんトレーニングは必要ですが）。

なので、プロテインは飲んでいただきたいです。

ＢＣＡＡ

もう1つはＢＣＡＡといって少し難しい名前ですが、これはプロテインの中にも入っています。

「はぁ、だったらなんですすめるの？」

と思われるかもしれませんが、このＢＣＡＡはプロテインよりも入っている割合が多いので単体で摂っていただきたいのです。

また、このＢＣＡＡの凄いところは「ダイエット資産」を直接守ってくれるのです。

つまり、ダイエットを「ある」状態を保持してくれます。

また、筋肉の直接的なエネルギーになり、そのうえ集中力や、やる気をだしてくれるのも特徴的です。

このＢＣＡＡというのは「ダイエット資産」を構築する上でからだになくてはならない

アミノ酸なのです。

5　太る食事

そもそもなぜ太るのか

さて、ここまで食事に関して色々とあげてきましたが、最後にとても大事な話をします。

そもそもなぜ太るのでしょうか？

食べ過ぎはもちろんですが、食事を抑えていても太ることはあります。逆に食べると痩せることもあるといえます。

食事をしっかりと抑えることも大事

結局のところ食事をしっかりと抑えることも大事ですが、食事を理解する「わかる」ことが大事になります。

そしてそれよりも大事なのが「できる」ことなのです。

つまり、「太らないように食事は摂らない」などの安易な考え方を変えていかなくてはいけません。

ダイエットをしているからといって、朝ご飯を抜くことはダイエットの妨げとなります。正しい運動が行えていても、食事を理解していないと結果は同じこととなってしまいます。あなたには食べ物の性質を是非ともわかるようになっていただきたいです。

それがダイエットを「ある」状態にする近道となります。

間違った食事

朝：少なく（昨晩の飲み会で胃がムカムカ、食欲がない。朝食を抜いたりする）

昼：普通

夜：多く（夜に会社の飲みでピザや鍋、かきピー等の炭水化物を大量に摂る）

正しい食事

朝：多く（「ダイエット資産」と脳みそが働けるようにエネルギーを摂る、脂肪にならない）

昼：普通

夜：少なく（寝る前はエネルギーは必要ない、次の朝には自然とお腹が空く）

これをするだけでもあなたの生活リズムはかなり改善されます。

おすすめのプロテイン

プロテインには男女それぞれおすすめがあります。プロテインは大きく分けて3種類からつくられています。牛乳・卵・大豆の3つです。

それぞれ特徴がありますが。男性は牛乳からつくられたもの、女性は大豆からつくられたものがおすすめです。（※それ単体のみではいけません）

牛乳から取れるたんぱく質は2種類あり、ホエイプロテインとカゼインプロテインです。

①ホエイ…吸収速度が速い（1～2ｈ）、しかし吸収される持続時間が短い

②カゼイン…吸収速度が遅い、しかし吸収される持続時間は長い（7ｈ）

このことから、ホエイプロテインは、トレーニング直後に適している。カゼインプロテインは長時間食事ができない、就寝前などに適している、ということがいえます。

次に大豆からつくられたプロテイン（ソイプロテイン）です。

①ソイプロテインには食物繊維が含まれており、太りにくくしてくれる作用があります。

②大豆ならではのポリフェノールが含まれているので、女性らしいキレイなからだのラインを保つことができるようになるのです。

③更にソイプロテインは吸収されるのに約3時間も時間を要します。

個々の体型づくり、健康づくりにあったプロテインを選ぶようにしましょう。

第3章　考え方を変えた瞬間から乳酸ダイエット！　実践編

1　短期的に痩せることを考えてはいけない

苦労の３ｋはおすすめしない

さて、ここまで色々と説明してきましたが、ちょっと一度振り返ってみましょう。

なぜ、今まで良いと言われた（りんごダイエット・キャベツダイエット・有酸素運動ばかり）ものがいけないのでしょうか。

それは単純に目先のことしか考えていないダイエットだからです（それはダイエットとはいえないのですが）。

それをすることによって一時的に痩せることは可能です（しかも簡単）。

しかし、それを継続するのは非常にキツい・危険・コワい（ストレス）という「苦労の３ｋ」なのです。しかも、これは非常にリバウンドしやすいです。

短期的に落とした体重というのは戻りやすい傾向にあります（最低でも2年以内）。それに低炭水化物によって、それを終えた瞬間に一気に食べて今まで以上の体重になるということもよくあります。

さらに厄介なのがそれらは「ダイエット資産」を捨てることになるので、体重が増えたら今まで以上に痩せるのが困難になる可能性が高いのです。

スポーツクラブで平均的にお客様がトレーニングをされるのは2年6か月程度なのですが、それまで使ってきた2年6か月とクラブ会費約30万円を捨てるならまだしも、余計に脂肪がつき、更には「ダイエット資産」を捨てているという費用対効果から考えてもなんとも馬鹿馬鹿しい話になってしまうのです。

だから、この「苦労の３ｋ」はおすすめしないのです。

コントロールの３ｋがおすすめ

逆におすすめするのは「コントロールの３ｋ」です。

この「コントロールの３ｋ」とは考え方・行動・習慣のことです。そしてこれは少しゆっくり（8週目以降）ではありますが、あなたを不幸にはしません。

そしてあなたをとても豊かにしてくれることでしょう。これによって「ダイエット資産」を築くことができるのです。

これを築くことによって好きなものを食べることができ、からだが健康に保たれ、かっこよくキレイなモテるからだをつくることができます。

そしてこれは何度もいいますが1日7分から可能です。

【図表6　お金持ちと一般の人の考え・行動】

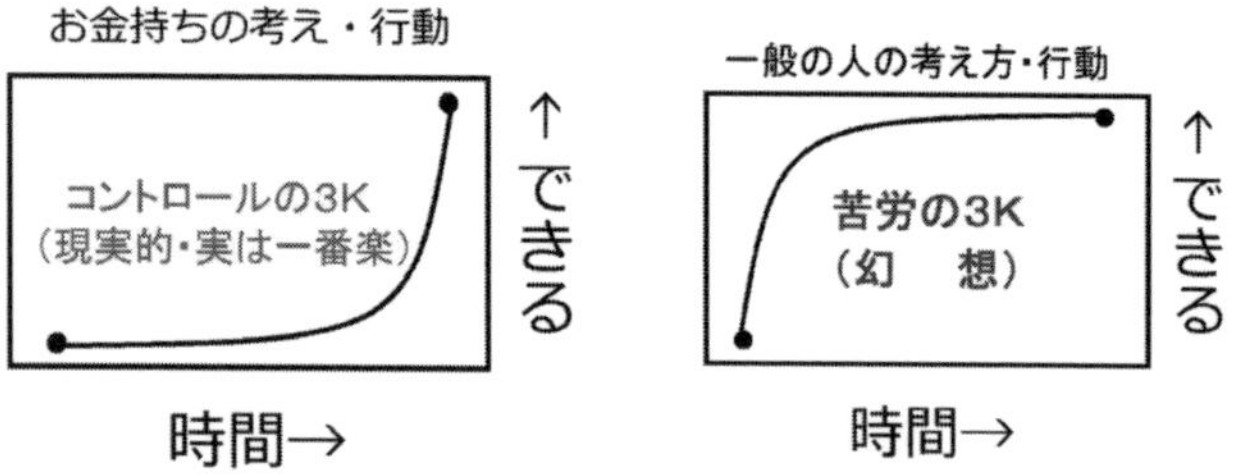
お金持ちの考え・行動
コントロールの3K
（現実的・実は一番楽）
↑できる
時間→
一般の人の考え方・行動
苦労の3K
（幻　想）
↑できる
時間→

どちらにしても、人は1、2年といわず、それ以上運動しなくてはいけない生き物です。

あなたはあと何年、生きるでしょうか。

もしするのであれば、図表6の2つを聞いてあなたはどちらの3kを選ぶでしょうか。

モテるからだは豊かな考えを持つ

今挙げてきたように、短期的に考えることはおすすめしません（トレーニングを行えば変化することは可能です）。

しかし、現実問題として一体どのくらいの方たちがこのような考え方をできるのでしょうか。

そもそもこの考え方はある種の人たちの考え方に非常に似ているのです。

それはお金持ちの考え方、豊かな考え方です。

「なんでお金持ちの考え方が必要なんだ？」と思う方がいらっしゃるかもしれない。

実はお金持ちの考えは「資産」をつくることを考えています。お金持ちは資産を沢山持っており自分が働かなくて良い環境をつくります。

それをからだでも同じ状態をつくり出すのです。

つまり、自分にとって利益（基礎代謝）を生み出すものをつくるということです。

しかし、この資産形成というのは少し時間がかかり（からだはもっと早い）ますが、一度つくってしまえばあとは簡単です。

【図表７　理想と現実のギャップ】

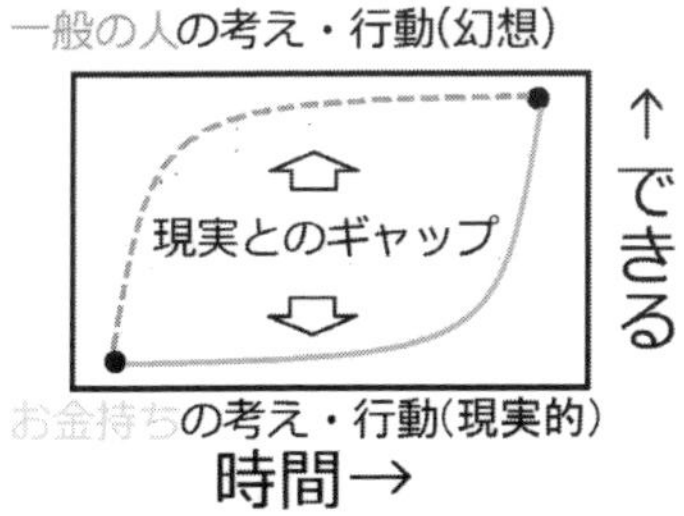

世の中にはこの考えの持ち主は４％しかいません。一般の方の考えというのは最初に飛ばしていこうという考え方が非常に強いのです。

しかし、それは現実ではありえないのです。それは「幻想」です。世の中の96％以上の方々がこの考え方に当てはまる可能性が高いです。

逆に豊かな考え方を持って取り組めば必ず成功し、お釣りが来るぐらいなのです。どのみち同じ時間を過ごさなければならないのであれば本当に良いのはどちらでしょうか。

ダイエットを失敗する原因

一般の方々が考える理想と現実のギャップです（図表7）。

これがフィットネスクラブをすぐに止める原因、ダイエットを失敗する原因なのです。

そもそもやり方を間違っているので、本来はダイエットすることすらできていないのですが（有酸素運動をばかりする、食事のコントロールばかり）。なので豊かな考え方がとても重要になるのです。

焦らないのが一番の近道あり、そして一番楽なのです。

ダイエットを「する」から「ある」状態にする

ここまでいかがだったでしょうか。間違った考えを正すことから健康的なダイエットが始まるのです。

ここからはいよいよダイエットを「ある」状態にするにあたって「ダイエット資産」の築き方を説明していきます。

ダイエットを「する」から「ある」状態、勝手に働く状態にしていきましょう。

現状を知る

今現在自分がどこにいるのかもわからないのにスタートを切るのは時間の無駄です。

というのも、駅に行きたいけどここがどこだかわからない、とりあえず周りを歩いてみるか。といって時間を無駄にしているのです。

最初に現状把握しておくことは非常に大切です。

自分の体重がいくつで、体脂肪率はいくつで、ウェストがどのくらいあるのかをわかっていなければいけません。

あなたがゴールを向かうにあたって、どのくらいの期間が必要なのか、そこに向かうにあたってどんな乗り物が必要なのかを決めなければいけないからです。

例えば、東京から北海道に行くのに自転車を使う人はあまりいませんよね。

もちろん期間等の問題はありますが、体重を5kg落としたいのか、10kg落としたいのか、はたまた20kg落としたいのか、色々な目標があるかと思います。

目標の設定も大事ですし、何よりも強い目的がはっきりしていることが大事になります。

モテるからだのために目的・目標を必ずつくる

お客様でこんな方がいらっしゃっいました。

お客様「ダイエットをしたいのですが・・・」
アレン「そうなんですね。なぜ、ダイエットをされるんですか？」
お客様「なぜですか・・・え〜っと、なんとなく・・・健康になりたいからです。」
アレン「なるほど。でも、今拝見する限りでは健康そうにみえますが・・・」
お客様「そうですねぇ〜、ちょっと痩せて動きやすいからだになりたいんです」
アレン「動きやすいからだであれば体重は落とさなくてもいいんじゃないですか？」
お客様「痩せたほうが動きやすいと思ったんですが、そうなんですか？」
アレン「そうですよ。見た感じですが、体重を落とすよりも「筋力」をつけることをおすすめします」

目的が非常に大事

これは自分自身で目的があまりはっきりしていません。そして目標もはっきりとしていないパターンです。

実はダイエットをするにおいても、仕事においても、恋愛においても、「何のために」の目的が非常に大事なのです。何のためにダイエットをしたいのか。

僕の場合ば「いっぱい食べても太らないからだがほしい・カッコいいモテるからだが欲

しい」からダイエットを「ある」状態にしたのです。

皆さんにもこの「何のために＝目的」をしっかりとつくっていただきたいと思います。

そしてもう1つ注意することとして、目標設定です。

皆さんが間違えてしまうのが、この「目標」と「目的」の区別です。

その字のごとく、目標は「標＝しるべ＝道」であってゴールではありません。

単純に考えてみるとわかるとかと思いますが、10kg痩せる目標を掲げたとしてそれを淡々と行っていくことほど苦痛なことはありません。

しっかりと自分の中でコミットメントして、やる気・モチベーションを維持させることが非常に大事です。

目標をつくりあげる

目標は「方法や手段、通過点」なのです。目的は「的＝最終的に留まる場所、核」などといわれ、これが本当の「ゴール」となります。僕自身も昔非常に悔しい経験を野球でしたのでお伝えしておきます。

僕が高校に入って1年が経過したときのことです。山口県で少し有名になり始めたときに監督に言われました。

「アレン、お前が高校で通算40本ホームランを打って、ピッチャーとしても１４０㎞／h以上投げるようになったらスカウトに声を掛けてあげよう」

僕はとても嬉しかったと同時に、僕の目的が「その数字」になってしまったのです。つまり、「40本を打つ、１４０㎞／hを投げる」ということにハマってしまったのです。

本来であれば、ここは目標「通過点」にしなければいけなかったのです。結局、高校通算は30本止まり、球速も１３０㎞／h半ばで終わってしまいました。

もしあなたがダイエットをするのであれば、何キロになりたい、体脂肪何パーセントにしたい。というのはあくまで「目標」＝「通過点」と考えるべきで、本当に大事なのは目的＝ゴールです。目標がゴールになってはいけません

ダイエットに対してより具体的なイメージをすることであなたの思考は現実化するのです。

ここはじっくり考えていただきたいのです。３時間でも半日でも1日でも良いです。よりリアルで具体的な目的をつくりあげることが必要です。

そのからだでどこにいきたいか、何をするのか、何を食べるのか。そこを設定してから目標が決まり、ダイエットは始まるのです。それによって質の高いモチベーションが維持され、初心を忘れることなく目標達成に向けて行動できるのです。

【図表８　自分の立ち位置を知る】

自分は今どの位置にいるんだろう？？？

自の場が分からなければ、どこに向かえばいいのか何をすればいいのかわからなくなってしまう。先ずは、自分の位置を知ることがスタートとなります。

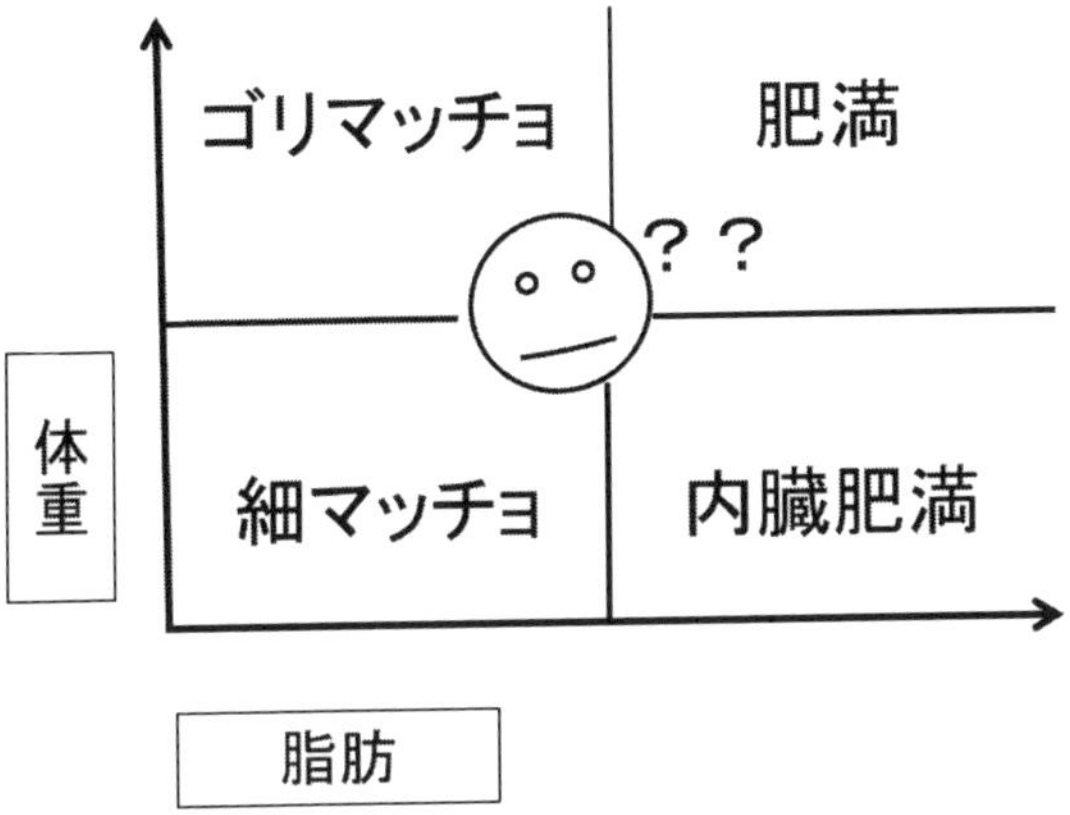

これだけは押さえておこう。自分の体重・体脂肪・BMI。

体脂肪の目安（%）

	低	平均	軽脂	脂
男性	0～10	11～19	20～24	25～
女性	0～18	19～25	26～30	31～

【図表9　具体的なビジョンをもつ】

目的	
目標	
いつまでに	
今日することは	
7日後にすることは	
15日後にすることは	
30日後にすることは	

目的	変わって何をしたい？（　　　　　　） 何処に行きたい？（　　　　　　） 誰と？（　　　　　　） どうやって？（　　　　　　）
目標	いつまでに？（　　　　　　） 何kg？（　　　　　　） 何%？（　　　　　　） ウェストは？（　　　　　　） ヒップは？（　　　　　　）

2　自動的に働く「ダイエット資産」

筋力トレーニングは必須

先ほど女性は筋肉がなかなか付かないことを説明しました。女性の場合、筋肉は本当につきにくいのです。

それと皆さんの「ダイエット資産」は寝ている状態になっています。つまり「働いていない」のです。

女性がキレイで女性らしいラインを保とうと思ったら筋力トレーニングは必須です。今や女優でさえトレーニングをしている時代です。

なぜトレーニングをせずにキレイになれるのでしょうか。

ヒップアップ、バストアップ、お腹周りにクビレを出す。これらは筋トレをしなければできません。筋肉は使わなければどんどん衰えて、たるみを生み出すことになります。そうならないためにも筋トレは絶対に必要不可欠です。

そして筋肉がついたとしてもムキムキにはなりません。ムキムキにはならないのです！

ムキムキになる方が断然難しく、それに僕自身もなってほしくありません。

男性も同じ

男性もほとんど同じことがいえますが、男性は筋肉が女性よりは断然つきやすいです。しかし、日頃の生活や食事が怠慢になっていてはいけません。日頃から飲むお酒、夜食、夜更かし、これらは細マッチョの天敵となります。特にお酒（アルコール）は筋肉を分解してしまいます（どの種類であっても）。

運動だから良いと思っている有酸素運動も、過度に行ってしまうと筋肉を分解してしまいます。

寝ている筋肉を起こしてあげる

そして筋肉がつかない理由がもう1つあります。先程も言いましたが、今まで運動をほとんど行っていなかった方というのは筋肉が「寝ている」状態なのです。

寝ている状態であなたは仕事ができるでしょうか。「ダイエット資産」も同じです。最初の8週間は目を覚ます、起こしてあげる作業となります。

目を覚ます作業なので、筋肉を太くするわけではなく、筋肉を使える状態にする「ダイエット資産」が勝手に脂肪を燃焼してくれる状態にするということなのです。

「ダイエット資産」は1kg当たり1日で消費するカロリーが約50キロカロリー程度です。

１kg付けたとしたら、年間で勝手に１万８２５０キロカロリー消費するのです。
これを単純に脂肪に換算すると２・５３kgとなります。つまり、ダイエット資産を１kgつけるとお釣りがくることになります。

１kg分付けなくても、「１kg分目を覚まさせればいい」のです。

そしてもっと嬉しいことに、それだけで好きなものを食べることもできるようになります。これがリバウンドのないからだとなり、太らないからだになることができるのです。

好きなものを食べて「ダイエット資産」を燃焼させるシステムづくり

好きなもの食べても「ダイエット資産」が勝手に燃焼してくれる。このシステムづくりが非常に大事なのです。僕もここを目指して頑張ってきました。

昔は食べては太るからだだったのですが、今は好きなものを食べてもなかなか太ることができなくなりました。

運動をしたことのない方でも、先ほど言った、目を覚ます作業（８週程度）をしてあげるだけでも変わることができます。

また、トレーニングによって姿勢が改善され、更に脂肪燃焼に大きな役割を果たしてくれるとともに疲れにくいからだになることもできます。事実、肩こりや腰痛といったものも解消できるようになります。「ダイエット資産」様々なのです。

3　モテるからだになるためのポイント

①回数×セット数

ジム内を見渡してみると色々なマシンをグルグルと回っている方がいらっしゃいました。その方がトレーニングを開始し始めて、ちょうど30回のところでトレーニングを終了、次のマシンに行くということを繰り返し行っていました。

これは女性がよく陥っている方法ですが、実は30回以上できるトレーニングはほとんど効果がないのです。

そして、すべてを回り終えて満足気な感じでこの女性は帰られました。

また、トレーニングは同じマシン（種目）を連続で行わないといけません。またグルグルと目まぐるしく色々な種目を変えて行うこともあまりおすすめできません。

乳酸（ラクティス）が旨く活用できないからです。

これは、先ほどの休憩時間と「成長ホルモン」の関係があります。またセット数なのですが、この女性はすべて1セット行っていました。基本的にセット数は2セット以上行う、

【図表 10　白筋・ピンク筋・赤筋の違い】

	白　筋	ピンク筋	赤　筋
特徴	瞬発力がある	中間的である	持久力がある
トレーニング回数	１～６回	８～12回	15～20回
使うエネルギー	ＡＴＰ（短い時間使うエネルギー）、炭水化物少々使う	炭水化物（乳酸）をガッツリ使う	脂肪、炭水化物を少々使う

目的にもよりますが、多くて3～5セットがいいでしょう。

②「ピンク筋」の獲得

ここまで話してきた「ダイエット資産」ですが、実は種類があります。

それぞれの資産には特徴があり、つけるためにはトレーニングを行う際に「回数」に密接に関係しています。次にあげた3つが主な種類です（図表10）。

この資産の割合は生まれたときに決まってはいますが、トレーニングによって肥大させて形成することができます。

赤筋と白筋

まずは赤い筋、赤筋です。この資産は非常に持久力に優れています。

マラソン選手などはこの筋が多い傾向にあります。マグロなどはこの筋が非常に多い、なのでずっと泳ぎ続けることができるのです。

この筋を形成するためには15～20回行うようにします。

続いて白い筋、白筋です。

この資産は瞬発力に非常に優れています。パワーリフターや砲丸投げなど、一瞬の力が必要なときに使われる筋です。ヒラメなどは一瞬で獲物を捕らえたりする。そしてその場から動かないのは、使える時間が非常に短いからです。

この資産形成方法は1～6回のトレーニングです。

そして最後に紹介する資産がピンク筋です。

名前のとおり、白と赤の中間ということでピンクなのです。この筋の能力は中間的だ。持久力、瞬発力ともに中くらいです。

ピンク筋がおすすめ

結論から言ってしまうとピンク筋をつけていただきたいのです。

この資産をすすめる最大の理由は、炭水化物を主にエネルギーとして使ってくれるからです（トレーニング後には脂肪燃焼効果もある）。

この資産を築くには8～12回で行うようにします。

この筋は８００ｍ走など中間の競技に使われます。

あなたが好きなもの食べて太らないようにするには、このピンク筋という資産をつけるようにすればいいのです。つけないまでも、最低でも目を覚まさせることが大事です。

これこそが本当の「ダイエット資産」なのです。

白い筋は瞬発力に優れていますが、この筋が使うエネルギーが瞬発力に特化したものと炭水化物少々しかつかわないのでダイエット資産としてはいま1つです。

この筋はスポーツマンに非常に向いています。赤い筋は非常に肥大しにくいです。

しかし女性の場合は、ダイエット資産を築くのがコワいのであれば、ここを目指しても悪くはないです。

注意することは、この資産は年を取ると同時に自然と割合が増えていきます。

つまり、先ほどのエネルギーを沢山使ってくれる白やピンクが赤に変わってしまうのです。なのであまりおすすめはしません。

この筋が使うエネルギーは脂肪、炭水化物少々です。僕自身付けていたのがこの赤い筋肉だったのです。

しかし、途中でピンク筋を優位に使うことによってモテるからだ・太らないからだづくりができるようになりました。
いたちごっこをしなくても済むようになったのです。皆さんにもこのピンク筋をおすすめします。

③休憩

ある日、Aさんがトレーニングの1セットを終えて休憩しているときにこんなことがありました。

Aさん「Bさん、今日は脚ですか」
Bさん「Aさん、お久しぶりです。そうなんですよ！　ちょっと久しぶりなんで恐いですね（笑）」
Aさん「脚ですか。頑張ってくださいね。アッ！　そういえば今度駅前に居酒屋ができるとか。今度どうですか」
Bさん「おっ！　いいですねぇ〜行きますか」
Aさん「じゃあ今度予約取っておきますね。Aさんいつが空いてますか」
Bさん「そぅですねぇ、今週の金曜はどうですか。」
Aさん「週末はちょっと別の用事が入ってるんですよぉ。すいません！　他の日はありますか」

Bさん「じゃあ木曜日はどうですか?仕事終わりだと直ぐに来れますよ」

Aさん「じゃあ木曜日にしましょう」

Bさん「他にもCさんとDさん誘ってみますか（笑）」

Aさん「おっ！　いいですねぇ。そういえばCさんとDさんあちらにいたんで直接聞きましょう」

Cさん、Dさん合流

Aさん「Cさん、Dさん今週の木曜日一杯どうですか」

Bさん「駅前に新しくできる居酒屋にいきましょうよ」

Cさん「是非行きましょう！　でも潰さないでくださいよぉ！」

Dさん「私も行きます！　C君は飲むと恐いからなぁ（笑）」

Aさん「じゃあ、予約しておきます」

長い！

休憩時間が長くなってしまうとトレーニングの効果が「半減」

このようにトレーニングをされている方々でも、休憩時間が長くなってしまうとトレーニングの効果が「半減」してしまいます。

なぜ半減してしまうのでしょうか。

先ほども言いましたが、トレーニングには効果の出し方に2種類あります。

物理的に行うやり方、科学的に行うやり方の2種類です。

物理的に行うやり方は重たい重量でしっかりとしたフォームで回数をこなすのです。

これによって筋肉のとても小さい繊維を傷つけることで「ダイエット資産」を構築できるようになります。

もう1つのやり方は、トレーニングを行っているとその箇所が熱くなり、続けるのが困難になることはトレーニング経験者ならわかるでしょう。

これは血液中に乳酸が溜まってきている証拠です。

それによって血液内で渋滞が起きています。この渋滞を緩和させるには道路を広くしなければいけません。そのためにそこに水分が集まるようになります。

それによってトレーニングをしている箇所が一時的にパンパンになります（パンプアップ）。このときにからだの中から「成長ホルモン」がいっぱい放出されます。

これによってお肌がキレイになったり、「ダイエット資産」がつきやすくなるのです。

そしてこの乳酸をできるだけある程度血液中に渋滞させておけば「成長ホルモン」が沢

山出やすくなるのです。

休憩を長くしすぎると、1つの方法（物理的筋肥大）しか使えないので非常にもったいないのです。

この乳酸がなんとか血液中にとどまって置けるのは5分位です。

しかし、それでは長すぎるので、集中力が取り戻せる休憩時間は60秒～90秒が非常にちょうど良いのです。

④7分の世界

今までのことを踏まえるとモテるからだは1日7分でつくることが可能です。

回数：8～12回（1回を3秒かけてフルで行う、「ダイエット資産」であるピンク筋をつける）

セット数：3～5セット（ダイエット資産のためには3セット以上で行うこと）

休憩：60秒～90秒（物理的に、そして科学的に「成長ホルモン」を出させて効果を上げる）

最短時間は3・2分、最長は9分、平均しても6・1分です。

ジムで行う場合、マシンの準備など考慮すれば最長でもおよそ7分程度となるのです。

これで十分「ダイエット資産」を築くことは可能です。これを1日一箇所行えば1週間で7箇所、朝晩行えば14箇所も行えることになります。

これで7分でモテるからだになり、「ダイエット資産」を築くことができます。それによって勝手にキレイにカッコいいからだになります。

そして脂肪が燃焼され、健康にもなります。こんな簡単なことでいいのです。

⑤トレーニングのスパン

今日もジムで働いていました。と、そこへトレーニングカルテを持って、お客様がいらっしゃいました。

女　性「すいません、トレーニングをやっているのですが、効果がでません。何がいけないのでしょうか」

アレン「なるほど、ちょっとカルテを見せていただいてもよろしいですか」

カルテを見る限り悪いところはなかったのです。回数、セット数、休憩時間どれも正しく行っていました。

この女性のカルテをよく見るとカルテ用紙が沢山ありました。何気なくこのカルテ用紙を手に取り内容を見ると、なんと1年以上同じメニューでトレーニングをされていたのです。

トレーニングをされたことのない方にはわかりづらいかもしれません。

例えて言うなら、あなたは2～3年間同じ食事を食べ続けることができますか？　ということです。

ダイエット資産も同じことが言えるのです。

毎回同じトレーニングではからだもマンネリ化してきてしまいます。またそこに同じ回数、同じセット数、休憩時間であれば楽しくはないでしょう。

この方のメニューはすぐに変更しました。そして2か月に1回ほどメニューを変えていただくようにお伝えしました。

ダイエット資産形成のためにはからだがそのフォームを覚えなくてはいけません。そして覚えたら繰り返してあげる。慣れたらメニューを変えて新たな刺激を与える。というサイクルを繰り返すのです。

ただ、それはすべてのメニューでなくても大丈夫です。その日の種目を1、2個の変更だけでも十分です。

筋肉は脂肪になる？

ある晴れた夏のことでした。その日ジム内でいつものようにマシンの整備などをしていました。ジムは外に比べ、非常に快適な温度が保たれています。この室内温度は最高です。

そこへ女性のお客様がマシンの使い方がわからないから教えてほしいと声を掛けてきてくださいました。僕はいつものようにお客様にマシンの使い方を丁寧に説明させていただきました。

そしてお客様からこう一言言われました。

「マシンの使い方を教えていただいてありがとうございます。ただ筋肉が付いて、それが脂肪にならないか心配です。なので、脂肪にならせないためにもトレーニングを頑張っていきます」

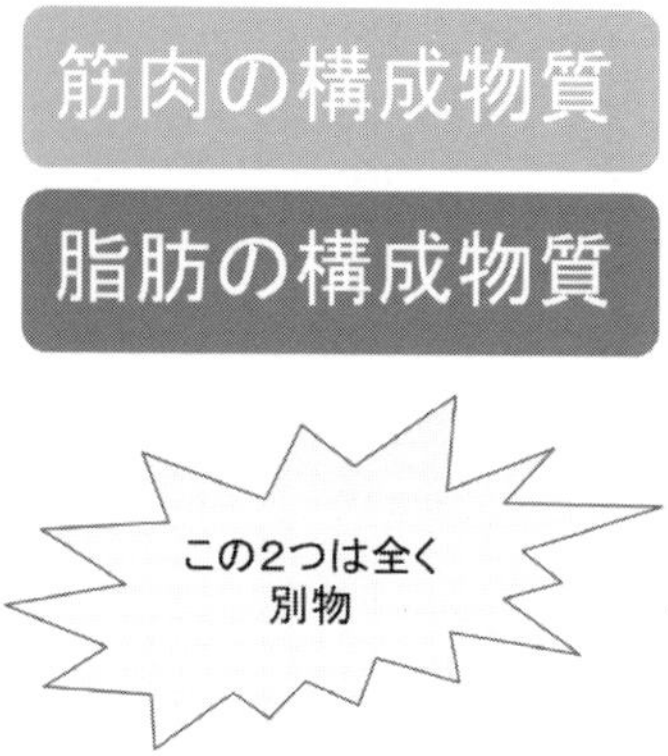
筋肉の構成物質
脂肪の構成物質
この2つは全く
別物

筋肉は脂肪にはならない、脂肪も筋肉にはならない

筋肉と脂肪は全く別々のものです。

「筋肉が脂肪になる。だから筋肉をつけるのは嫌だ」といわれますが、水と油みたいに思っていただくとわかりやすいでしょうか。

水は油にはならないし、油は水にはなりません。

よくよくこの言葉を聞くことがありますが、トレーニングやダイエットをし始めた方々からよく言われることが多々あります。

皆さん、繰り返しになりますが、脂肪と筋肉は別物です。むしろ筋肉は脂肪を減らしてくれ「ダイエッ資産」なのです。くれぐれも同一の物と考えないようにしましょう。

4　脂肪があるからカッコイイからだをつくることができる

友人からのメール

ある夜中に友人からメールがきました。彼とは昔からとても仲がよく、社会人になってからもちょこちょこ連絡を取り合っていた仲でした。

そんな彼からこんな質問がありました。

友　人「ちょっとダイエットの方法を教えてほしいんだけど、どうすればいい？」
アレン「どういうふうになりたいの？」
友　人「カッコいいからだ！　脂肪があんまりなくて、結構マッチョなカンジ」
アレン「なるほどね。じゃあまずは筋トレが必要だね」
友　人「えっ？　でも筋肉つけてからだとからだがでかくなるから、できれば脂肪を落としてから筋肉を付けたいんだけど」

女　性「アレン君おはよう！　今日もトレーニングがんばるよ！」

アレン「はい！　今日も1日がんばっていきましょう！」

12時になりました。

女　性「いやぁ、トレーニング疲れたぁ。もうちょっとがんばろうかな！」

アレン「ちょっとがんばりすぎじゃないですか？　今日はこれぐらいで良いと思いますよ」

女　性「できるときにやっとかないとね！」

トレーニングは2時間以上する必要はない

この女性は結局午後2時くらいに帰られました。ジムにいた時間はざっと4時間くらいです。

トレーニングをしたことのない人だと考えられないことでしょうが、このようなことが時々あります。

また、トレーニングは2時間以上しても逆にからだにはストレスになります。ストレスを感じると、人間のからだは「ダイエット資産」の分解を始めてしまうので注意が必要です。

いくら長くできるからといっても2時間以上はしないようにしましょう。

有酸素運動は40分以上する必要はない。そしてそれ以上やると逆効果になる

僕は野球部で18年以上野球をやってきましたが、学生時代は毎日4～10キロ位はざらに走っていました。同時に僕自身それによるダイエットも狙っていました。

有酸素運動をすると確かに体重も落ち、からだも細くなり、一見ダイエットが成功しているかのように見えます。

しかし、減っているのは水分であって脂肪ではないのです。有酸素運動はやり方によって脂肪ではなく、「ダイエット資産」が分解されエネルギーとして使われてしまうことがあります。

それに1時間の有酸素運動で消費できる脂肪の量は50g程度です。これは簡単に計算ができます。有酸素運動をした後にランニングマシンに消費カロリーが表示されるのですが（60分で600kcal程度）、その数字に0・5（5割が脂肪）を掛けます。そして9（脂肪のカロリー）で割ってあげます。

その数字が有酸素運動で消費した脂肪の「グラム」となります（600×0.5/9≒33.4g）。

毎日走ってきたので、僕の見解で言わせていただくと、有酸素運動は正直あまり必要ではありません。

もし有酸素運動をどうしてもやりたいのであれば週に最高でも2回程度、30分以内で行

うようにしましょう。

有酸素運動というのは

有酸素運動としてはランニングやバイク、クロストレーナーといったものがあります。

有酸素運動というのは、体の中に酸素を取り込んで脂肪をエネルギーに変換し、脂肪を燃やす作用があるのですが、これを聞くと体脂肪を落としたい方は「有酸素運動だけで十分じゃないの？」といわれます。

しかし、筋肉量を増やしてからのほうが脂肪燃焼の効率が良いのです。

そしてなによりも有酸素運動によって筋肉は減る可能性があるのです。

有酸素運動をやりすぎてしまうと確かに体重はもの凄いスピードで落ちてはいきますが筋肉を消費し、太りやすいからだになってしまうのです。

条件1→心拍数を脂肪燃焼の領域に安定させて走ること

心拍数は通常であれば120拍を目途にしてあげましょう。

また、若い方であれば150拍まで大丈夫である（20歳まで）。150以上の強い強度での有酸素運動では心肺機能の向上を図るようなトレーニングになるので脂肪燃焼の目的としてはいま1つとなります。

条件２↓糖と共同して脂肪燃焼をすること

これはまた新しく「タンパク質&炭水化物」で詳しく説明させていただくが、有酸素運動はというよりも運動を行う前は空腹状態で行うと逆効果になってしまう。

脂肪は単体で働くことできない。基本的に糖と一緒に働かなければ脂肪燃焼の効果は薄れてしまう。

条件３↓有酸素運動は40分以下にする

有酸素運動をすると筋分解が起きやすくなります。特に筋力トレーニングをした後などは筋肉が傷ついていたり、筋肉のエネルギーが枯渇している状態にあります。この時に目安にしてほしい時間が40分以内にするということ。特に運動をしたことのない方は耐性ができていないので気をつけていただきたい。

条件４↓バイク等上半身を動かさない有酸素運動を行う

有酸素運動を行うにあたって、長時間有酸素で上半身を動かす動作は筋肉の分解が起き

【図表12　筋肉とストレスとの関係】

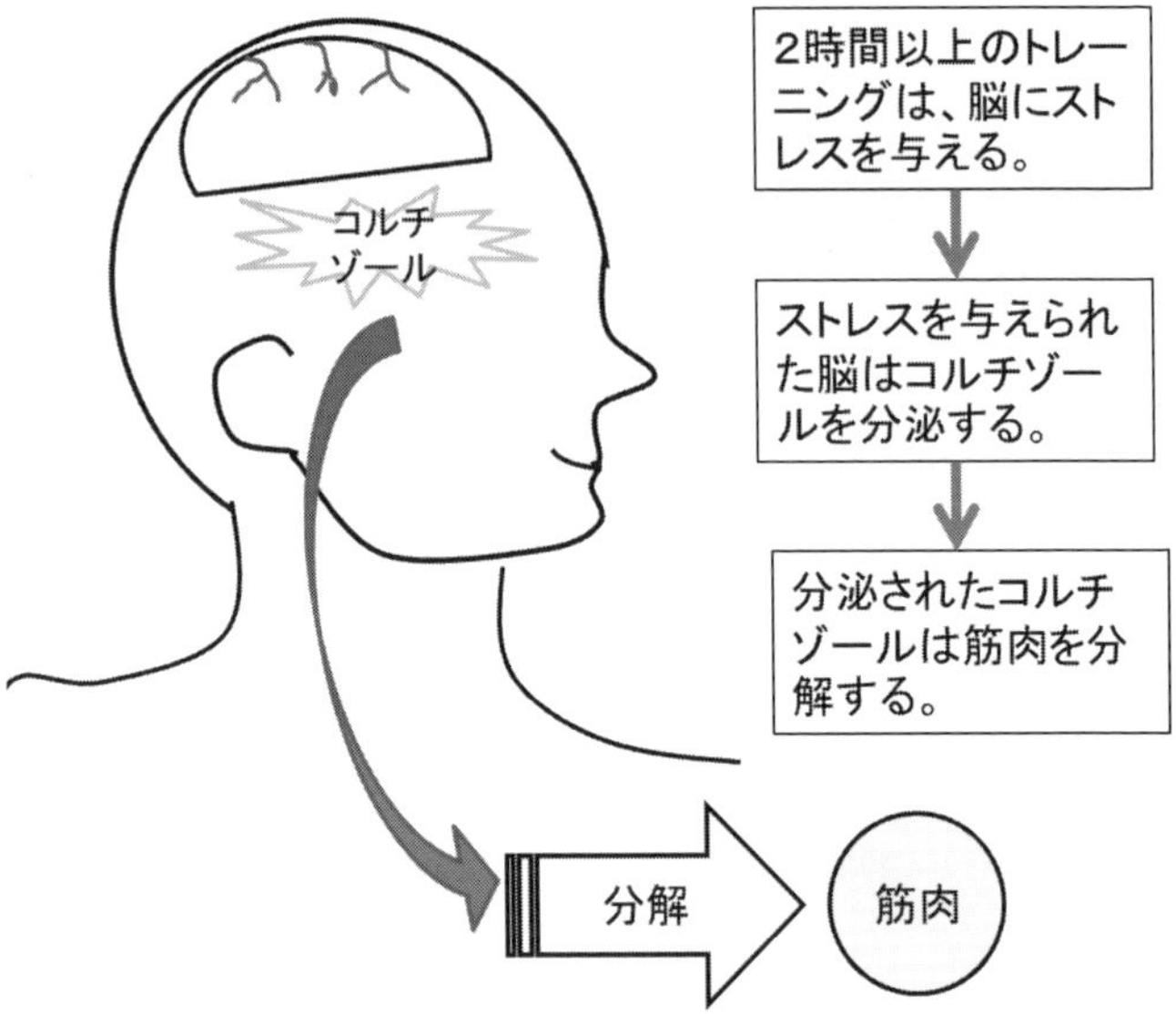
コルチゾール
2時間以上のトレーニングは、脳にストレスを与える。
ストレスを与えられた脳はコルチゾールを分泌する。
分泌されたコルチゾールは筋肉を分解する。
分解
筋肉

やすいです。特に上半身のトレーニングを行った日と被った場合は危険です。できれば上半身のトレーニングの日・有酸素の日と分けるようにしましょう。

6　食事は3回以上摂ると脂肪は落ちやすくなる

あなたは１日に食事を何回していますか

体重を落としたい、食べれないといって1～2食にしていたりしませんか。

実は食事の回数を減らしてしまうと、人間のからだは太りやすくなってしまうようにできています。

食事の回数というよりも食事を摂る間隔が大事なのです。

からだの中に栄養が入ってこないとからだは「食事が入ってこない！　次にきたら念のために脂肪に変換しておこう！」といってからだに入ってきたものを脂肪に変換してしまうのです。

恐ろしいですね。それだけではありません。

食事の間隔が5時間以上空いてしまうと血中のアミノ酸濃度が薄まってしまい、今度は「ダイエット資産」である筋肉が分解されてしまうのです。

この「ダイエット資産」が分解されると脂肪が使われないので太りやすい体になってしまいます。

これは絶対に防ぎたいですね。

そこで食事でもいいのですが、プロテインが登場します。

プロテインでムキムキになる?

僕は女性にもプロテインをおすすめしています。

それはよりキレイに、健康的になっていただきたいからです。またジムでのことですが、その日トレーニングを終えた女性に僕がダイエットをするにあたってプロテインを飲んだほうが良いということをお伝えしました。

女　性「プロテインですか？（笑）」
アレン「はい。ダイエットをするのであればおすすめですよ」
女　性「私、ムキムキにはなりたくないんですけど。（笑）」

プロテインはたんぱく質であって、増強剤ではない

よく間違われるのですが、プロテインがあたかも「薬」「増強剤」というふうに思って

【図表 13　筋肉と食事の関係】

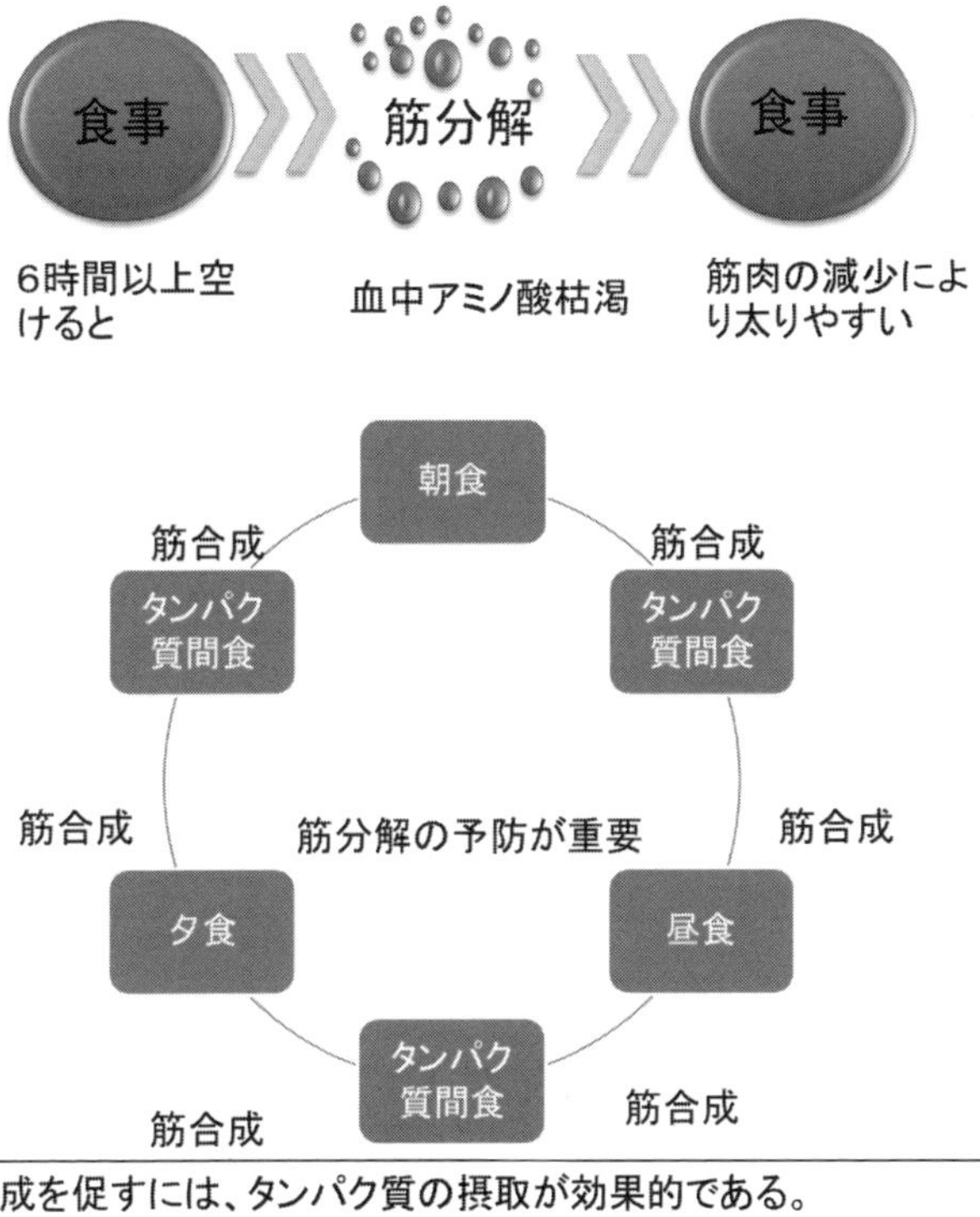
食事
筋分解
食事
6時間以上空けると
血中アミノ酸枯渇
筋肉の減少により太りやすい
朝食
筋合成
筋合成
タンパク質間食
タンパク質間食
筋合成
筋分解の予防が重要
筋合成
夕食
昼食
タンパク質間食
筋合成
筋合成

筋合成を促すには、タンパク質の摂取が効果的である。
代表的なものにプロテインがある。

いる方が多いです。

プロテインを簡単に説明すると「牛乳や大豆たんぱく質の良いトコロ取り」なのです。ですので、ダイエットをするうえでも、健康になる上でもプロテインは非常に良いのです。

それは男性、女性に限らず同じことが言えます。

普段の生活の中ではこのたんぱく質が摂れていなかったりします。

それはダイエットをするときに野菜中心の生活にしてしまったりすることが原因です。

そうすると代謝が下がってしまい、エネルギーが使われないのでダイエットができなくなってしまうのです。

６・１秒で力を入れて、２秒かけて戻す

最後にとても重要なことです。トレーニングをする場合、皆さんはどうしても力を入れるとき（アイソトニック収縮）に集中します。そして力を抜くとき、つまり元に戻すとき（エキセントリック収縮）に力を抜いてしまいます。

しかし、実はこれでは効果は出にくいのです。筋肉というのは力を入れていくときよりも戻すとき（エキセントリック収縮）のほうが筋肉が使われやすくなり、筋繊維が破壊さ

【図表 14　筋肉とサプリメントの関係】

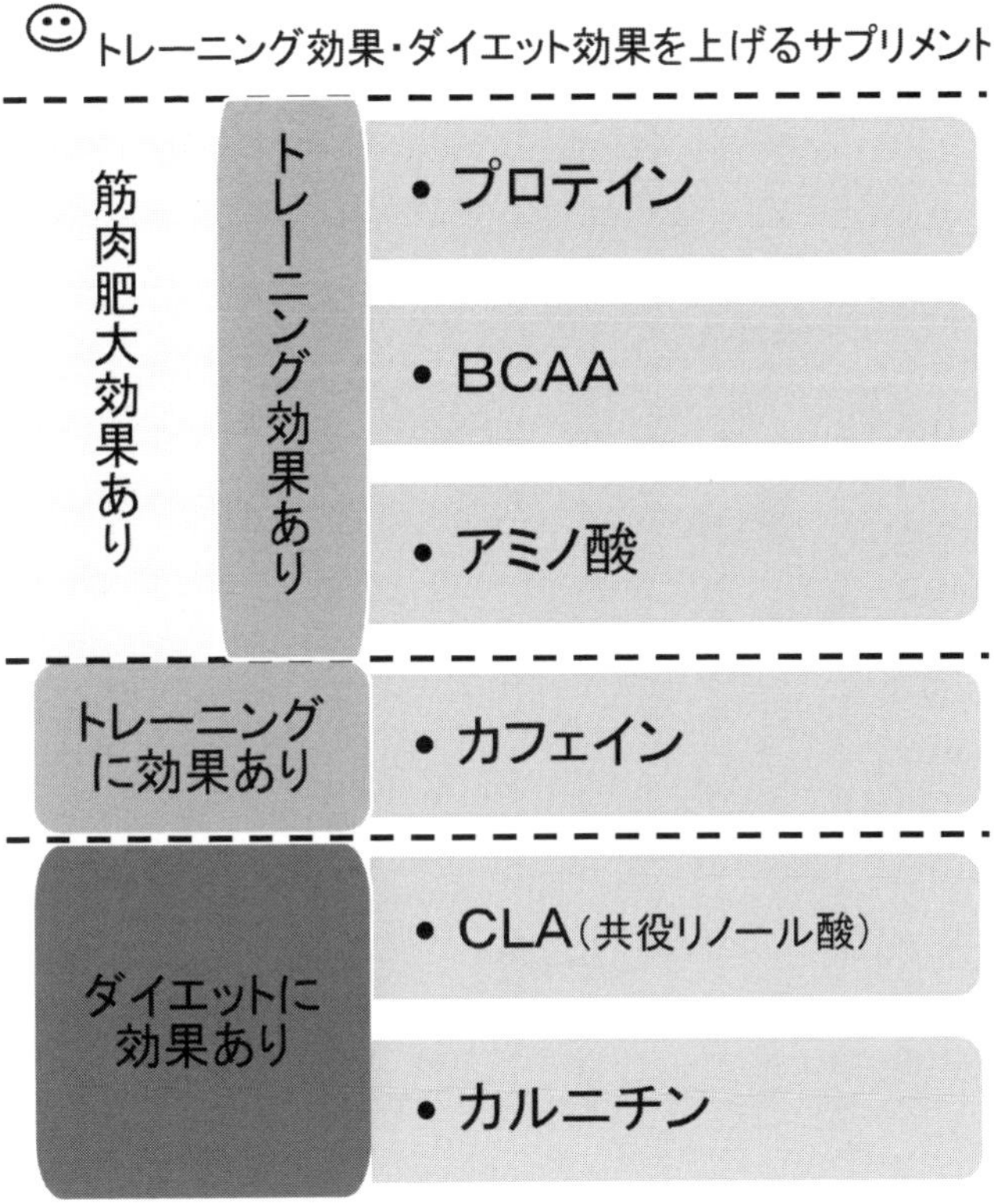
トレーニング効果・ダイエット効果を上げるサプリメント
筋肉肥大効果あり
トレーニング効果あり
• プロテイン
• BCAA
• アミノ酸
トレーニングに効果あり
• カフェイン
ダイエットに効果あり
• CLA（共役リノール酸）
• カルニチン

れやすくなるのです。

筋繊維が破壊されるということは筋力・筋量が共に増えやすくなるのです。最初は少しやり辛いかもしれませんが回数を重ねていく毎に上手くなっていきます。

正しいフォームで元に戻す（エキセントリック収縮）ほうに意識を置いてあげることにより効果が高く、効率的に乳酸を蓄積でき、尚且つエネルギーも効率良く利用することが可能となります。

アミノ酸

先ほどのＢＣＡＡ（Ｐ45）ですがこれは必須アミノ酸の一部です。

必須アミノ酸というのは私達が生きるうえでからだの中では生成することのできないアミノ酸で、これは食事から摂取するしか方法はありません。

このアミノ酸というのはたんぱく質の構成する単体です。

このアミノ酸は筋肉を構成・分解防止になくてはならない存在です。

筋トレを行う前や最中、トレーニング後に摂取することによって筋分解を防ぎ、直接的なエネルギーとなり、免疫力を上げることもでき、ダイエットの効果を上げることもできるのです。

【図表 15　筋肉と睡眠時間の関係】

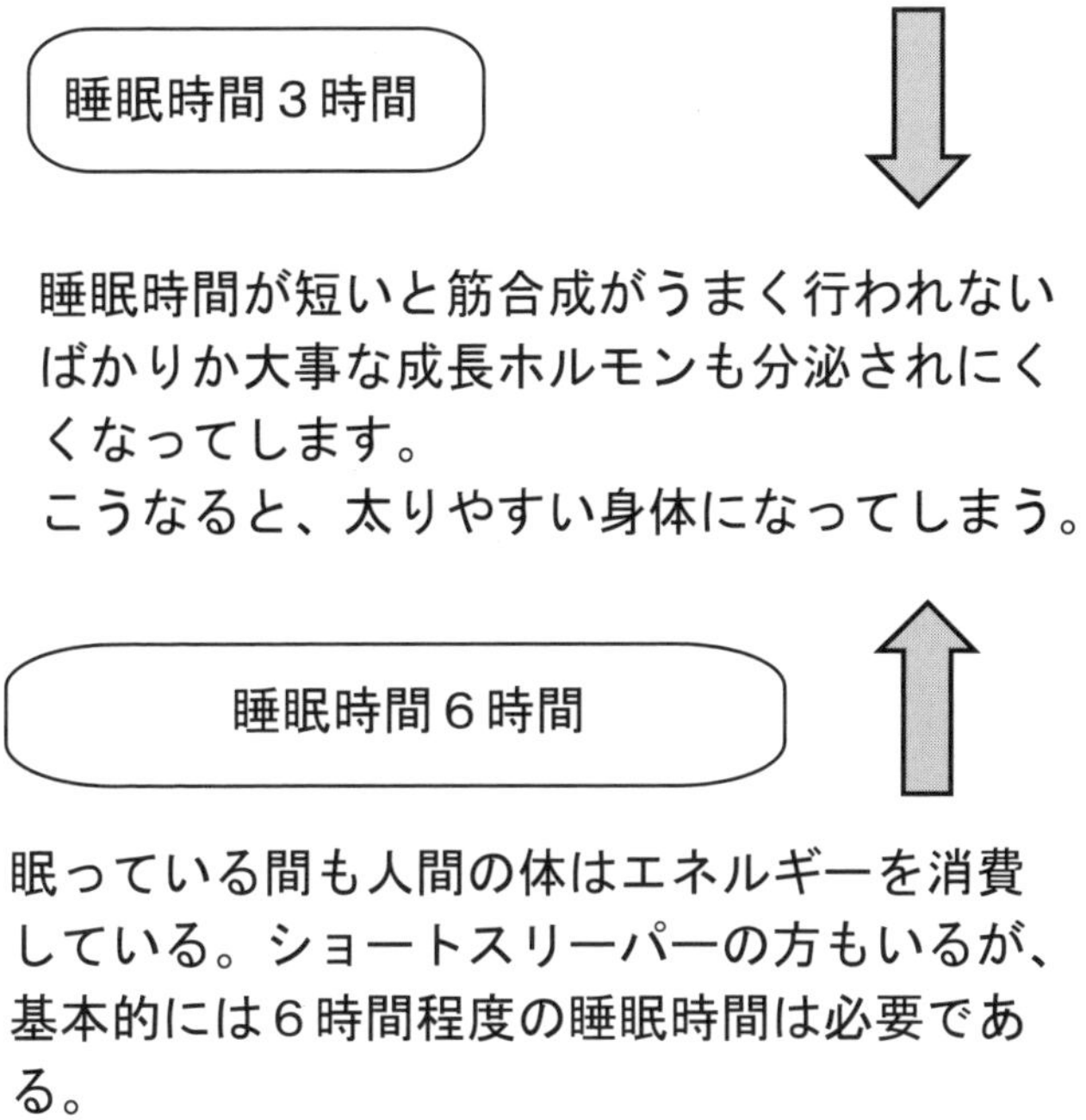
睡眠時間３時間
睡眠時間が短いと筋合成がうまく行われないばかりか大事な成長ホルモンも分泌されにくくなってします。
こうなると、太りやすい身体になってしまう。
睡眠時間６時間
眠っている間も人間の体はエネルギーを消費している。ショートスリーパーの方もいるが、基本的には６時間程度の睡眠時間は必要である。

また、アミノ酸の中でもある程度自分のからだの中で生成できたりするものを”準必須アミノ酸といいます。

この準必須アミノ酸の中でもグルタミンというのは筋肉の60%を構成しているので免疫力、腸の働きを助けてくれる作用があるのでおすすめです。

7　睡眠時間が減ると太ってしまう

2時間前には夕食を終わらせておいて睡眠に入るのが望ましい

人間は起きている時以外にもエネルギーが使われています。

それは睡眠のときですが、からだの調子を整えたり体力を回復させたり、更には筋肉を付けてくれるのです。

ですから、睡眠を省いてしまう、若しくは短くしてしまうと、実はエネルギーが使われずに筋肉もつくられずに太りやすい身体になってしまうのです。

食べた後に直ぐに寝てしまうのは太ってしまいますが、寝る3時間前、遅くても3時間前には夕食を終わらせて、睡眠に入るのが望ましいです。

第4章　モテ度グッとアップ！
乳酸ダイエット　中・上級編

1　ウェスト　マイナス6cm体幹トレーニング〈強度中〉

ニートゥタッチ（腹直筋）

① 肘と膝をくっつけるように近づけます（できるだけくっつけましょう）。
3秒間息を吐き続けます

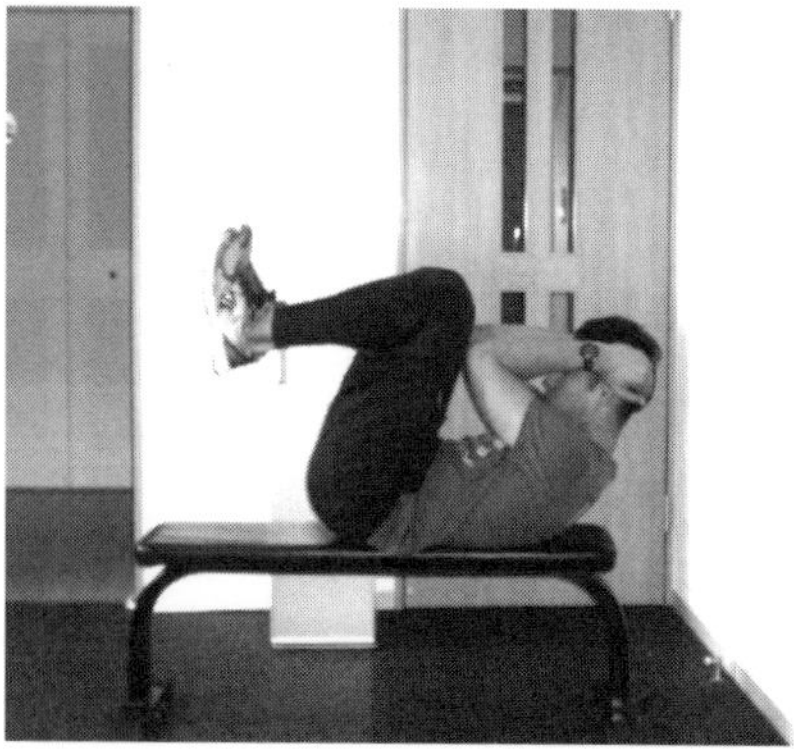

プランク（インナーユニット）

①肩からつま先までが一直線になるようにします。
腹筋を　意識して呼吸を止めないようにして体勢を維持します。
慣れないうちは～30秒、慣れてきたら～60秒行うようにしましょう。

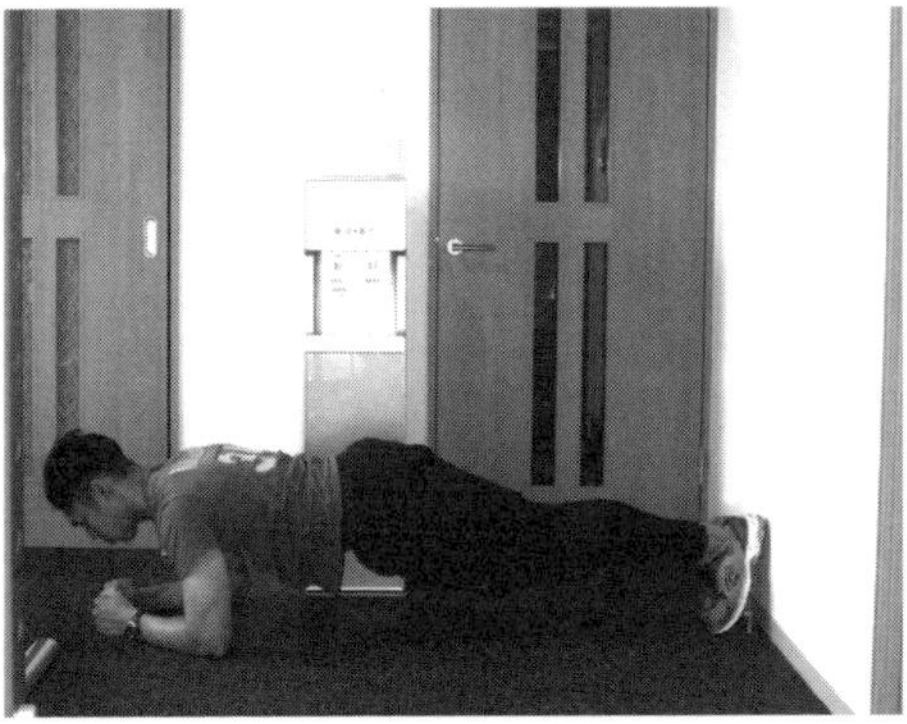

2　肩こり解消上半身トレーニング〈強度中〉

サイドレイズ（三角筋）

①肘と手を引き上げたときに同じ高さになるようにします。
また、肘の角度は90度を保持して、小指側が少し上になるようにして上げましょう。

②1秒で引き上げて、2秒かけて下ろすようにします。

ディップス（上腕三頭筋）

①腕を肩幅より少し大きく拡げます。降りるときは2秒かけて降ります。

②腕が90度になったら元に戻しましょう。1秒で戻します。

3　ももの引き締め下半身トレーニング〈強度中〉

シーシースクワット（大腿四頭筋）

①手を肩の上に置くか、モノに捕まりながら行っても大丈夫です。つま先を外に開いてつま先の方向に膝をつきだすようにします。

②2秒かけて下していき、1秒で写真のように直立しましょう。

4 割れ目をつくる体幹トレーニング〈強度大〉

クロスタッチ（外腹斜筋、内腹斜筋）

①息を吐きながら対角線上の膝と肘を1秒でくっつけるようにします。

②2秒かけて息を吸いながらゆっくりと戻して、反対側も①と同様に行います。

5　メリハリ背中上半身トレーニング〈強度大〉

プッシュアップ（大胸筋）

①腕を90度まで曲げるようにします。このとき、2秒かけて降りるようにします。

②1秒で腕を伸ばし切ります。

ダンベルローイング（広背筋）

①片手を椅子や地面につけます。腕を垂直に垂らします。

②ダンベル（重り）をみぞおちに向かって引っ張り上げます（1秒）。肘が横に開かないように注意します。上げきったら2秒かけてゆくりと下します。

グッドモーニング（脊柱起立筋）

①足を肩幅に広げて直立します。

②膝・腰を曲げないようにして、上体を倒します。２秒かけて倒して、１秒で起き上がります。

6　ヒップアップ下半身トレーニング〈強度大〉

ヒップフレクサー（臀部）

①片足は完全に伸ばして、もう一方はお尻に引き付けます。

②引き付けた足の踵でお尻を1秒で上に上げます。2秒かけて下していきましょう。

ワンレッグスクワット（大腿四頭筋）

①片手で支えて、片足で立ちます。２秒かけてゆっくりとお尻を下します。

②お尻を下しきったら踵で押しあがります（１秒）。

第5章　乳酸ダイエット　ビフォーアフター体重＆体脂肪の変化

1　ビフォーアフター体重と体脂肪の変化例

最後に実際に乳酸ダイエットを行っていただいた方々の具体的な数値での結果をあげたいと思います。

必ずしもこのような結果が得られるわけではありませんが、参考にしてください。

①30代前半　男性

期間70日

体重78・95kg→70・10kg

体脂肪24・1%→16・8%

【メニュー】

・スクワット

・ブルガリアンスクワット

・ベンチプレス

・デッドリフト

・ニートゥタッチ

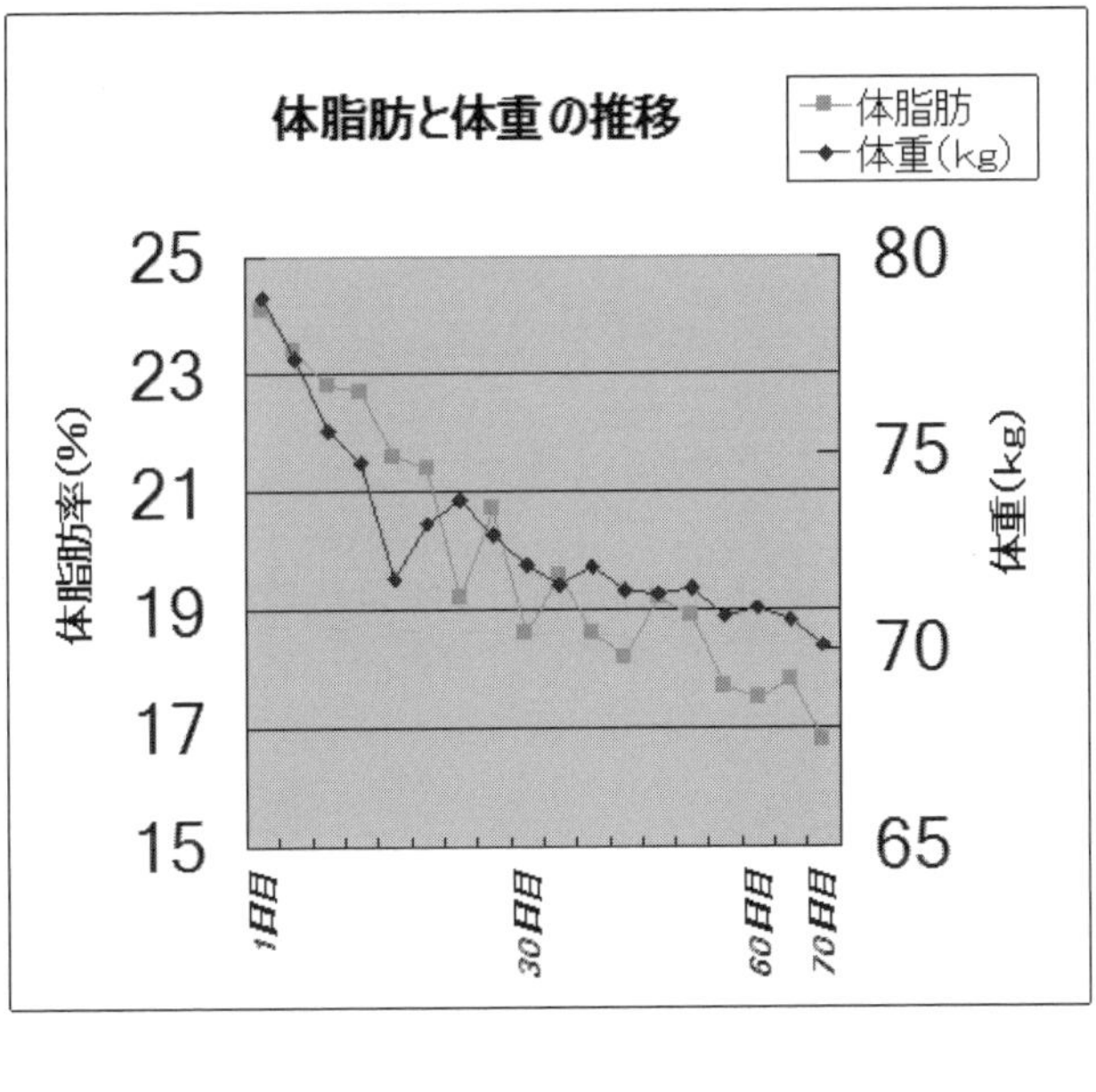

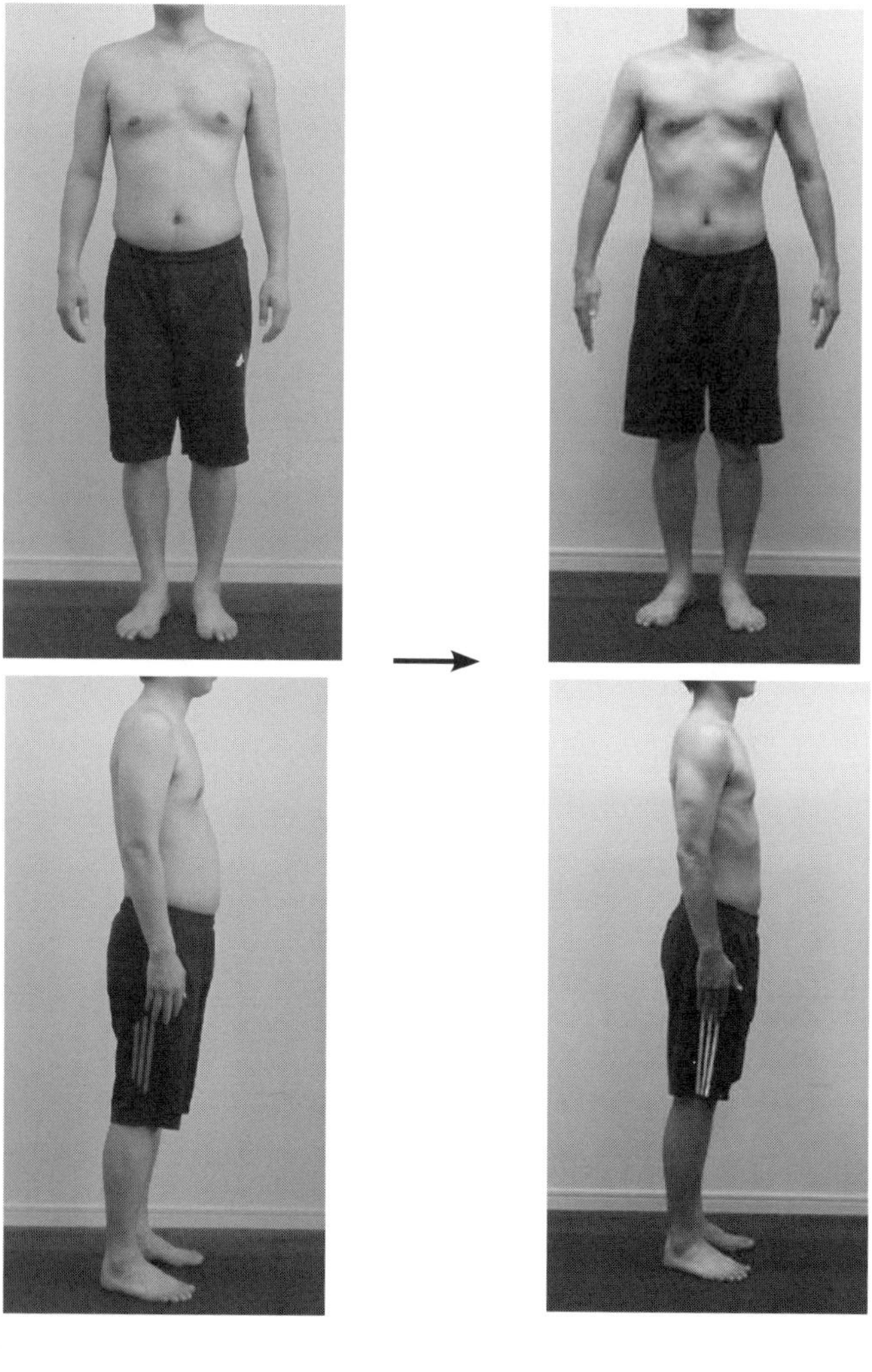

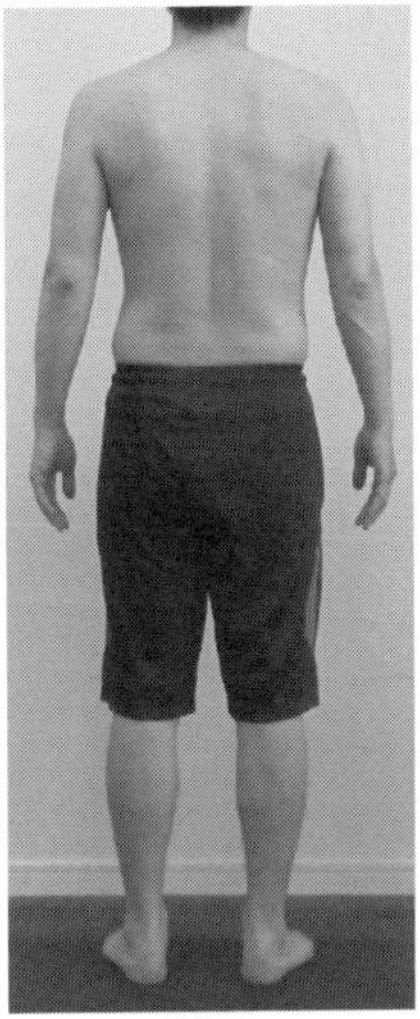

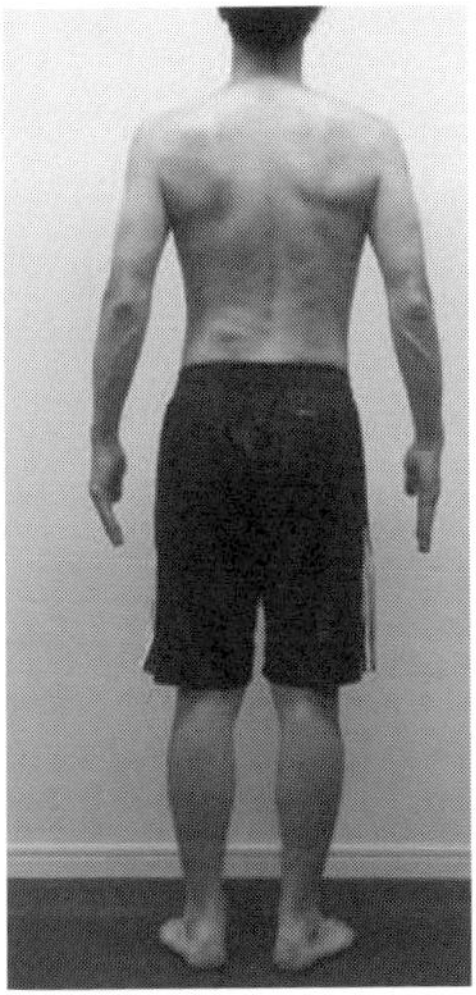

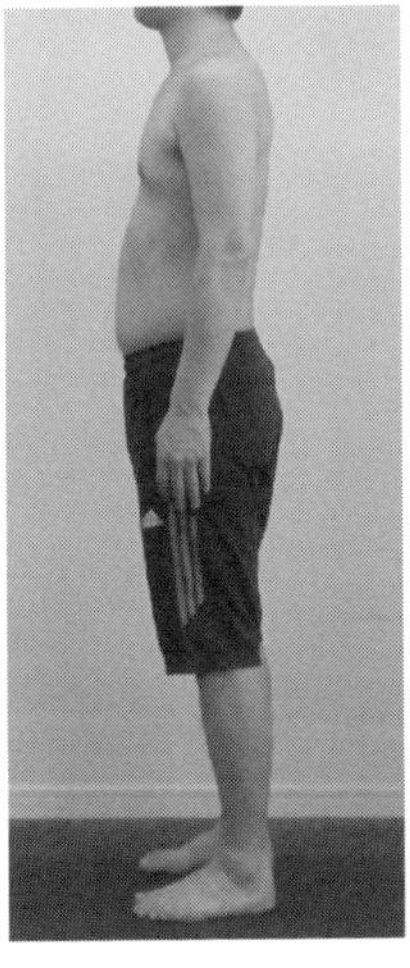

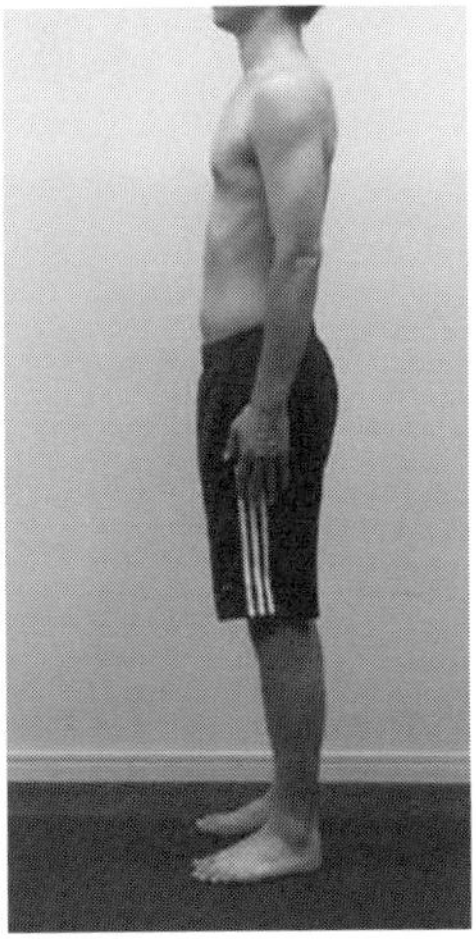

②30代半ば　女性
期間60日
体重61・2kg↓54・4kg
体脂肪29・7%↓22・7%

【メニュー】
・スクワット
・ヒップフレクサー
・ツイスト
・プッシュアップ
・ダンベルローイング

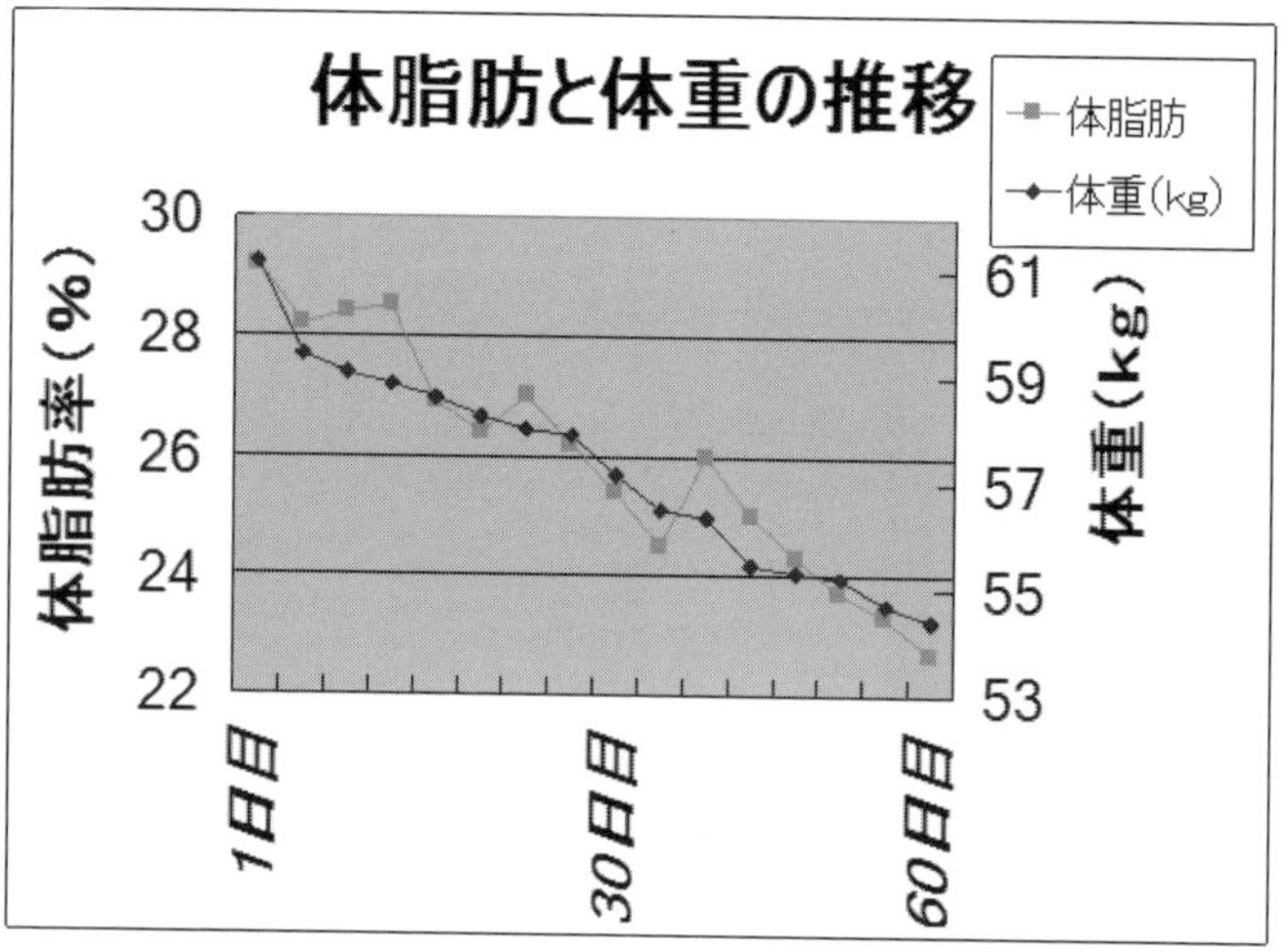

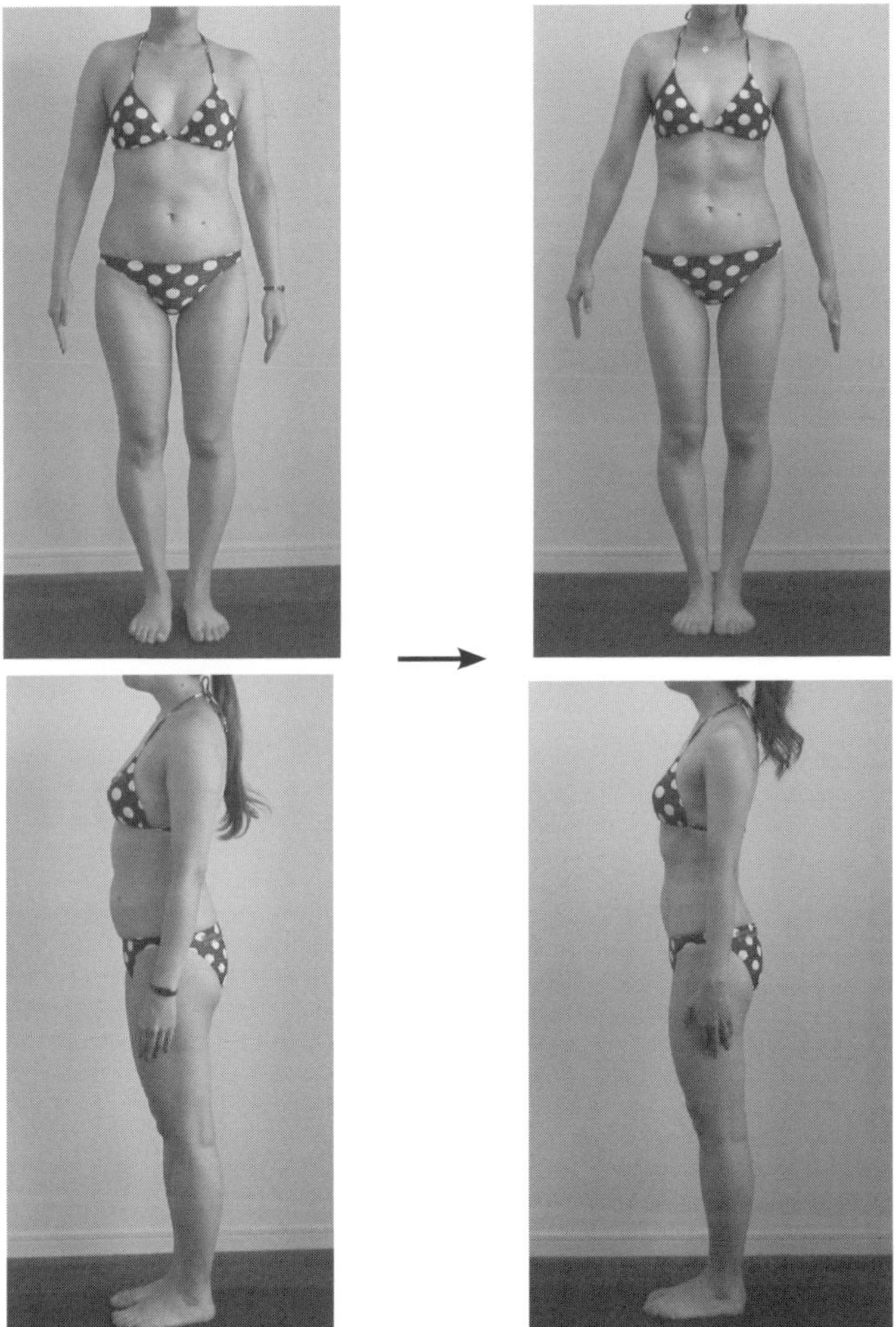

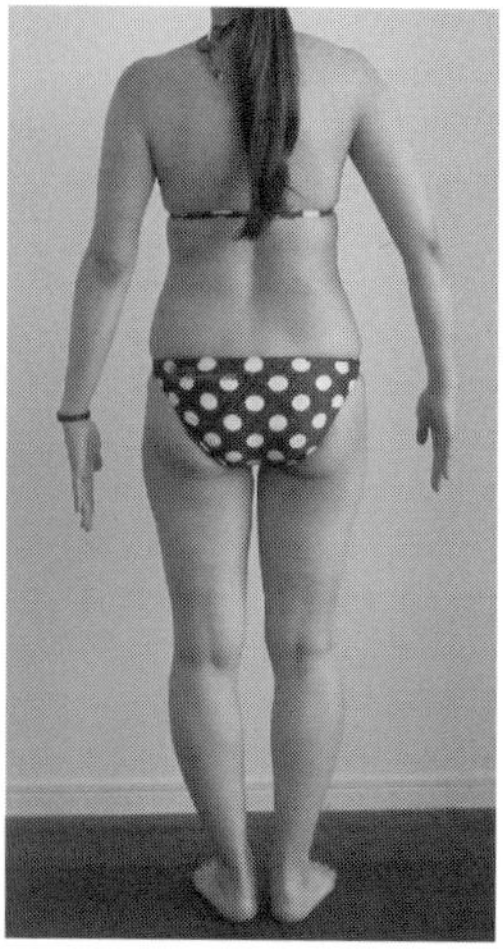

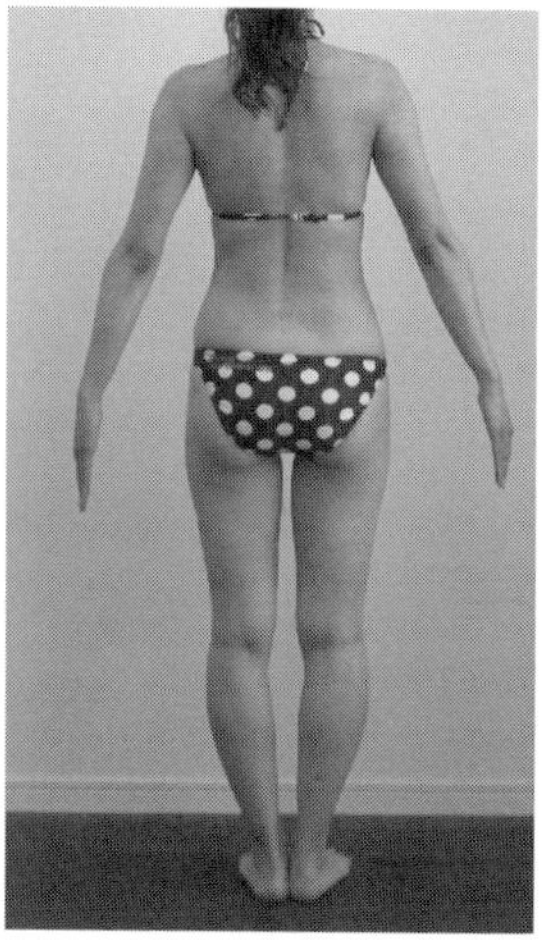

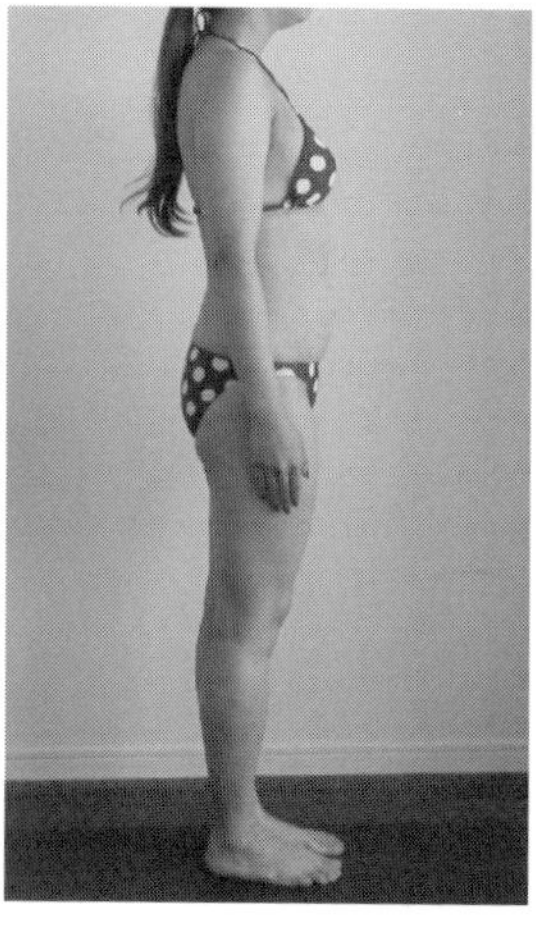

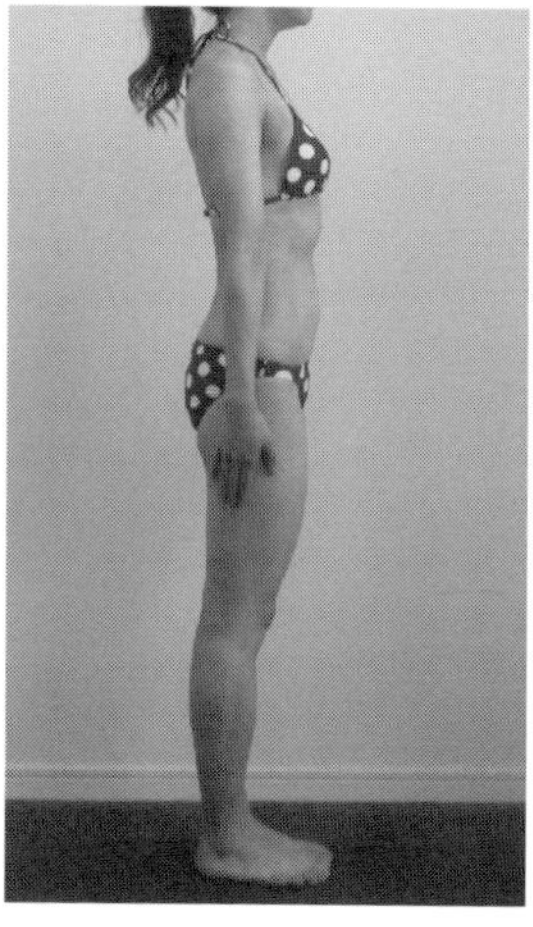

③20代後半　女性
期間60日
体重55・7kg↓49・15kg
体脂肪32・1%↓24・0%

【メニュー】
・ブルガリアンスクワット
・ベンチルレス
・サイドレイズ
・デッドリフト
・クロスタッチ

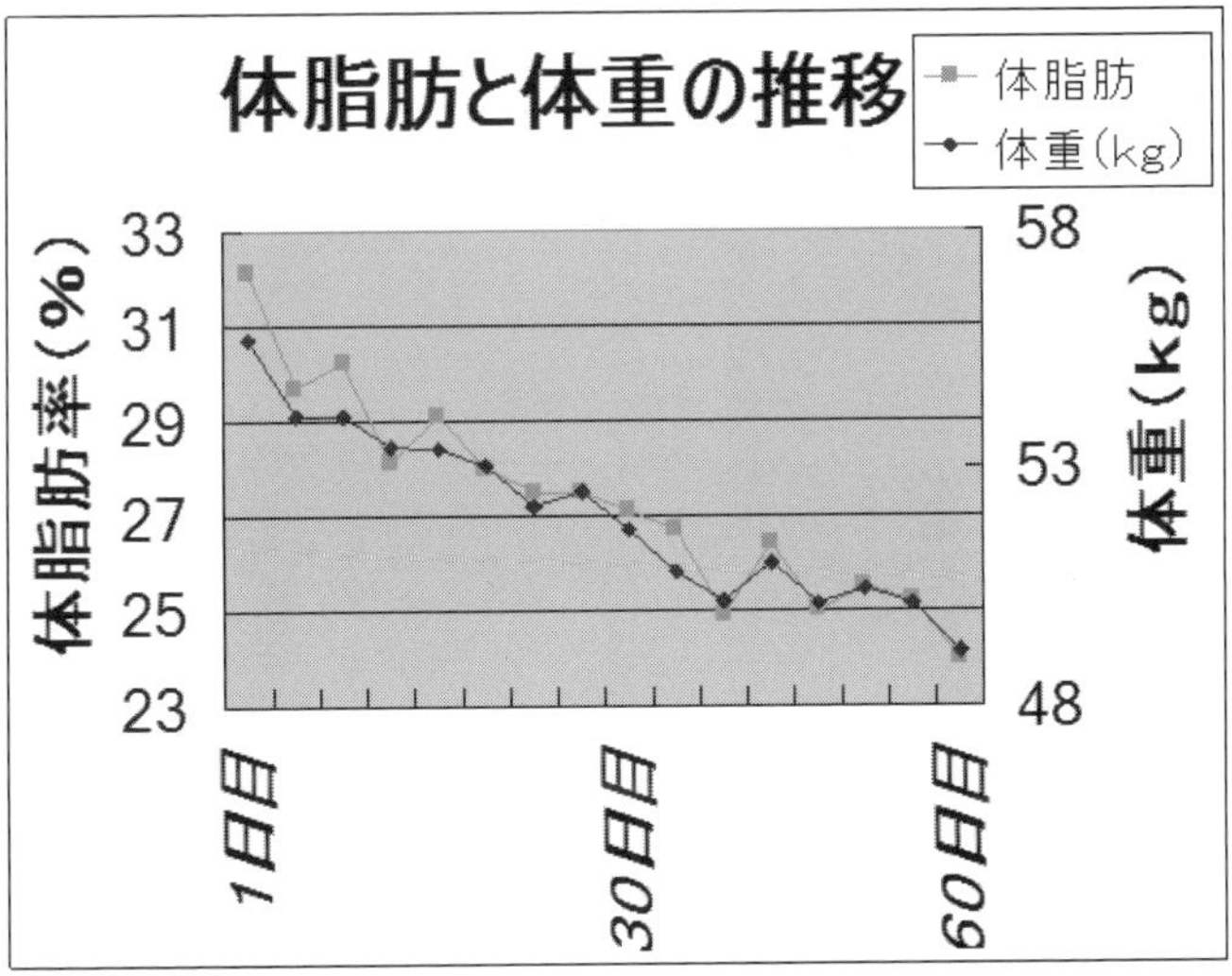

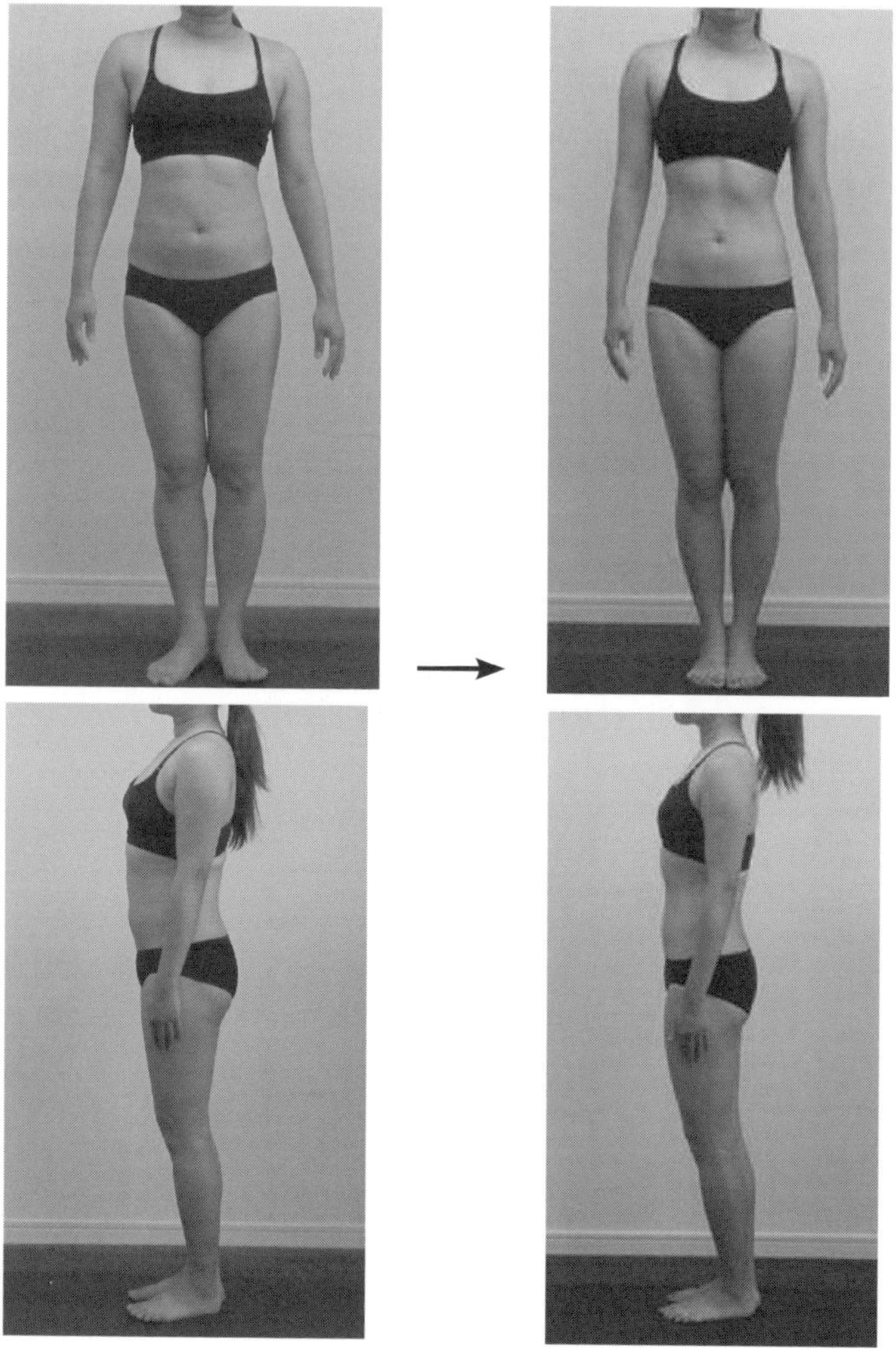

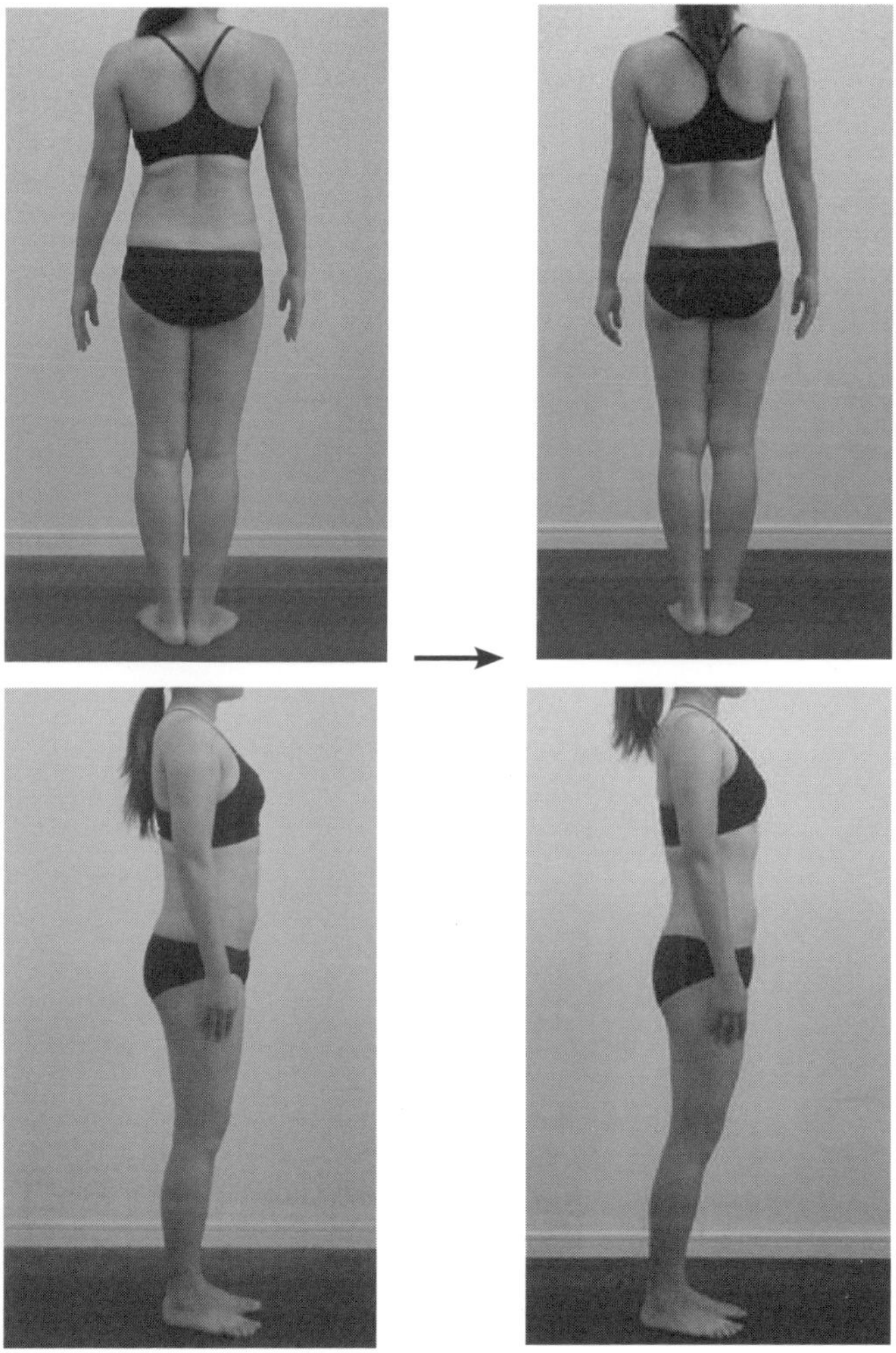

④30代前半　男性

期間90日

体重81・1kg↓71・75kg

体脂肪26・1%↓15・9%

【メニュー】

・スクワット
・シーシースクワット
・プッシュアップ
・ダンベルローイング
・ニートゥチェスト

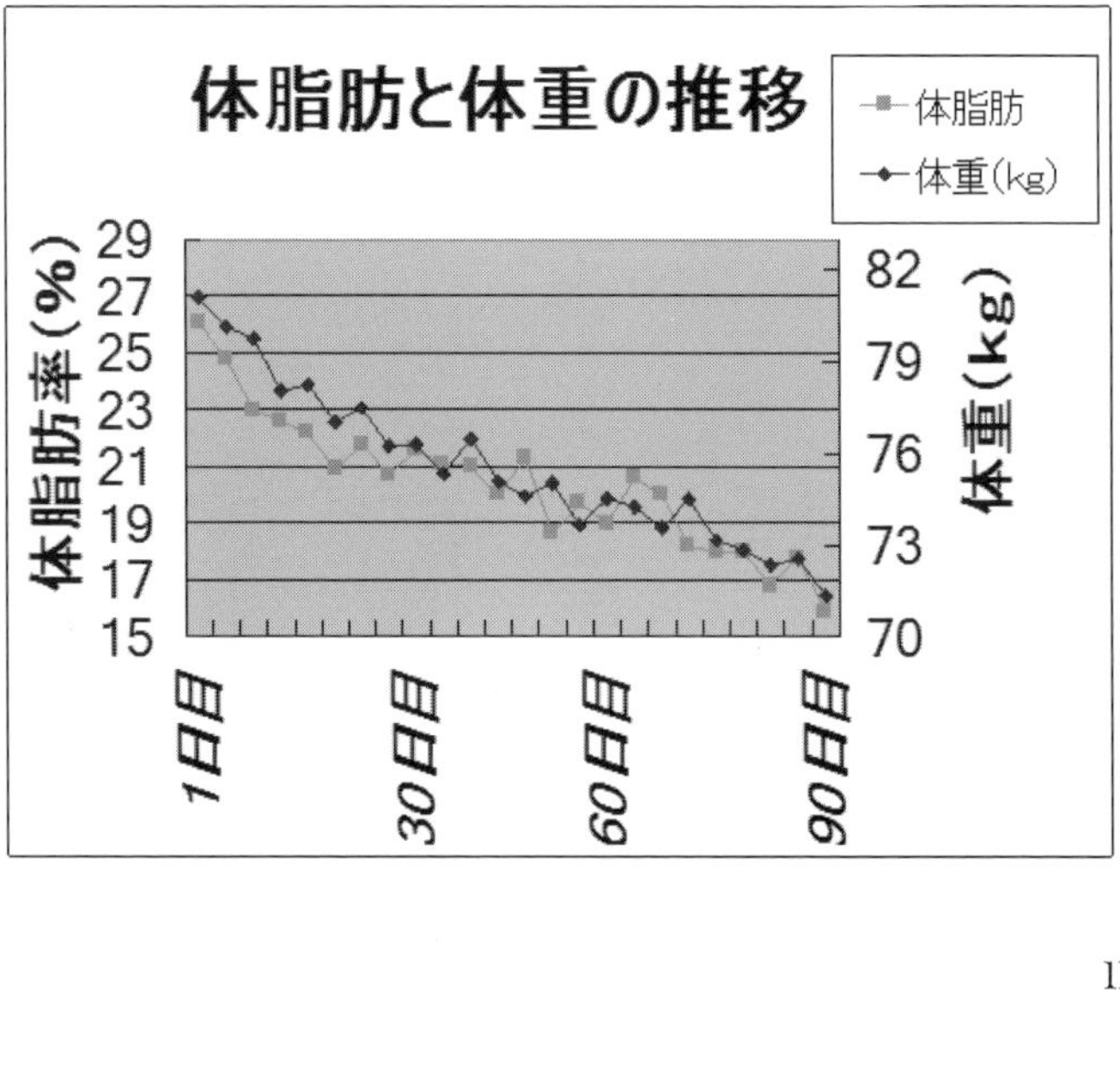

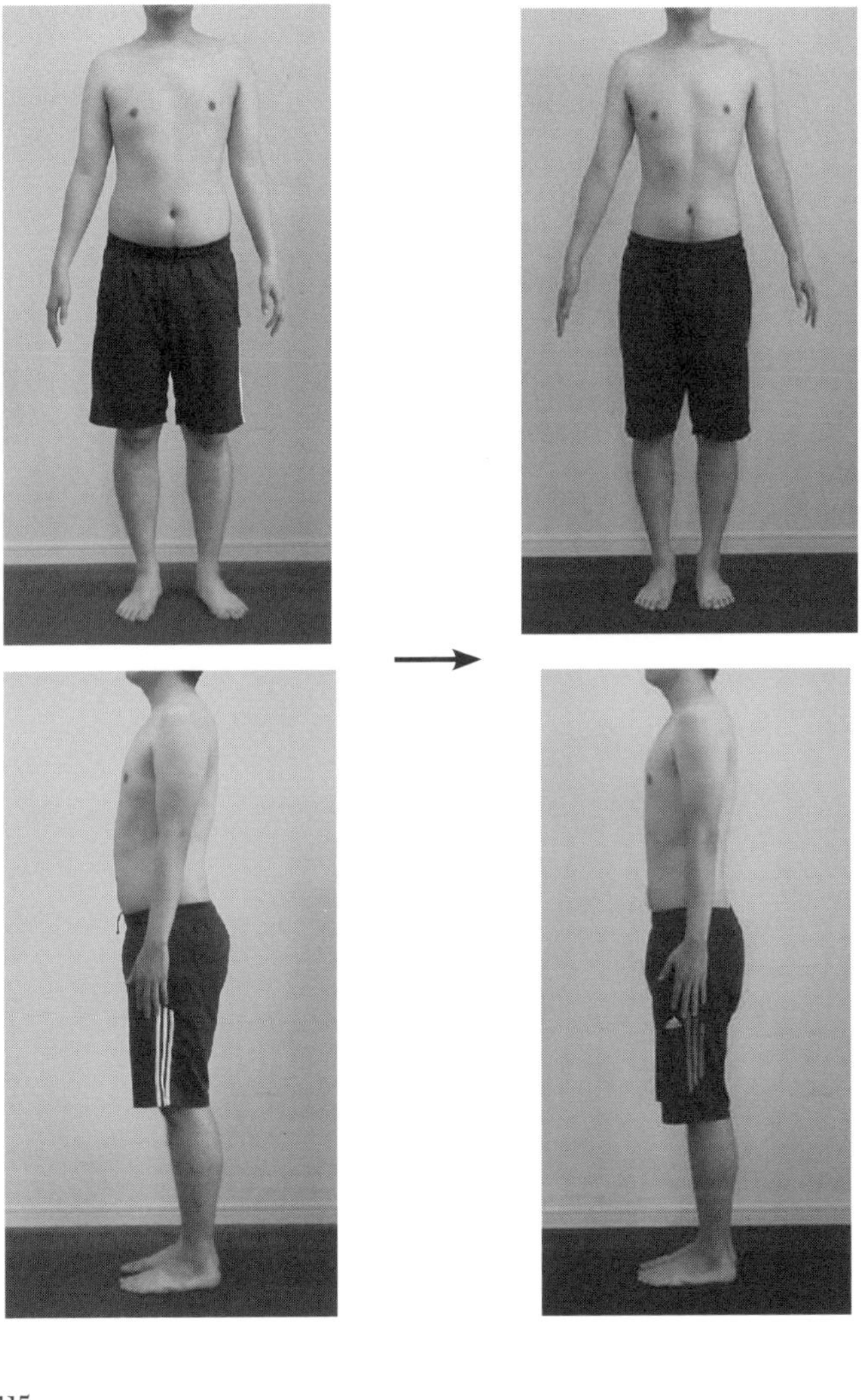

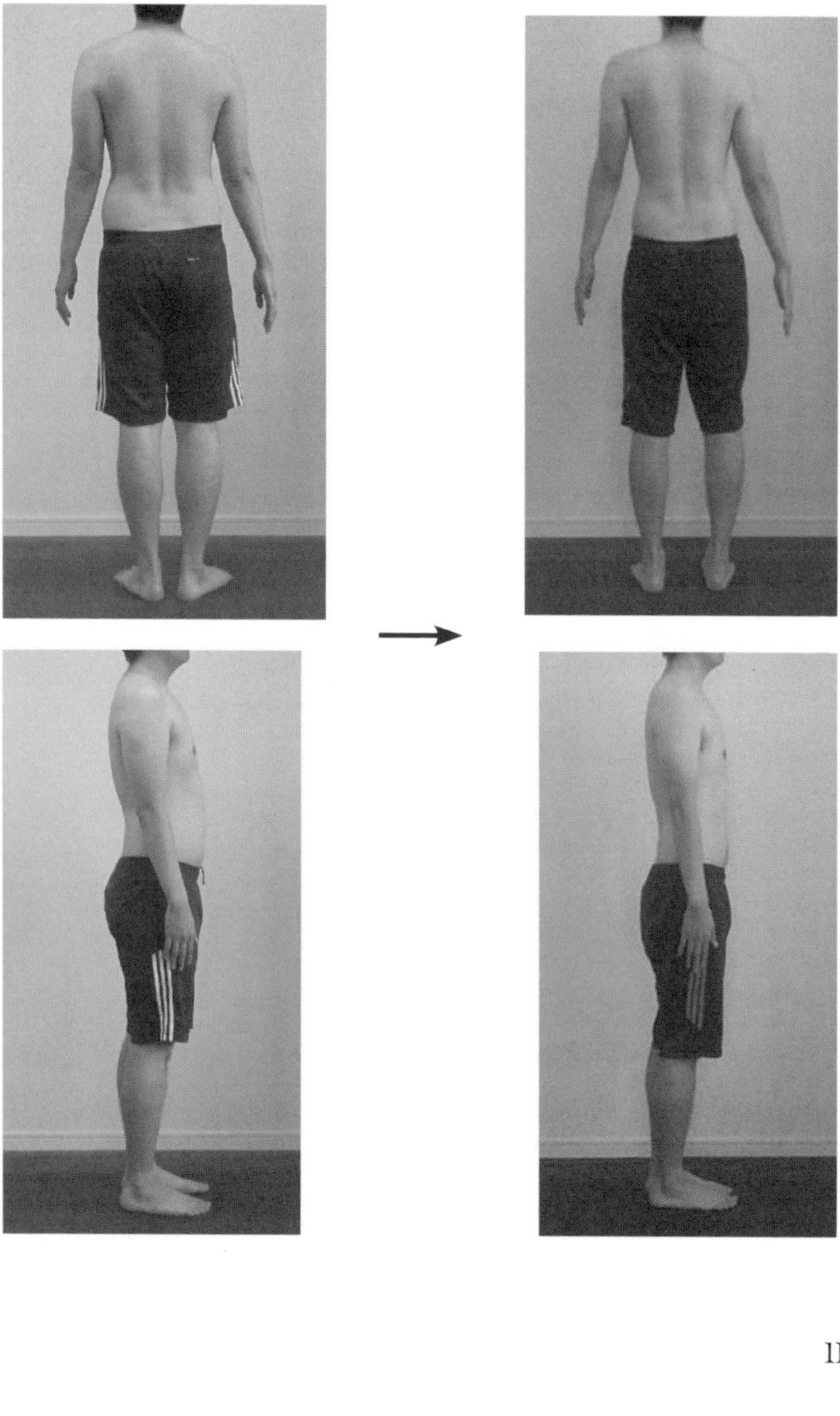

⑤20代半ば　女性

期間60日

体重56・3kg↓51・4kg

体脂肪31・4％↓26・0％

【メニュー】

・スクワット
・シーテッドローイング
・ニートゥチェスト
・ベンチプレス
・ツイスト

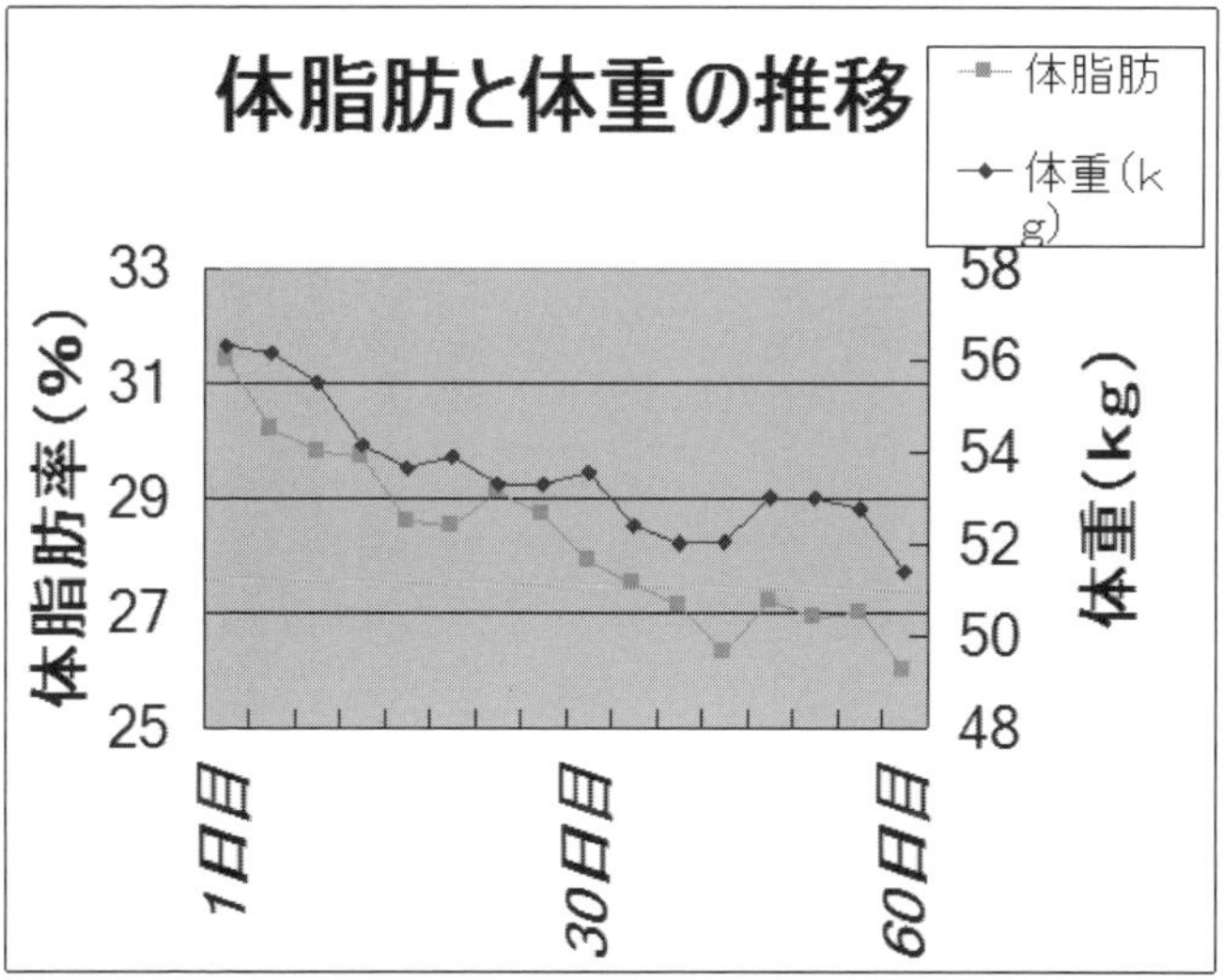

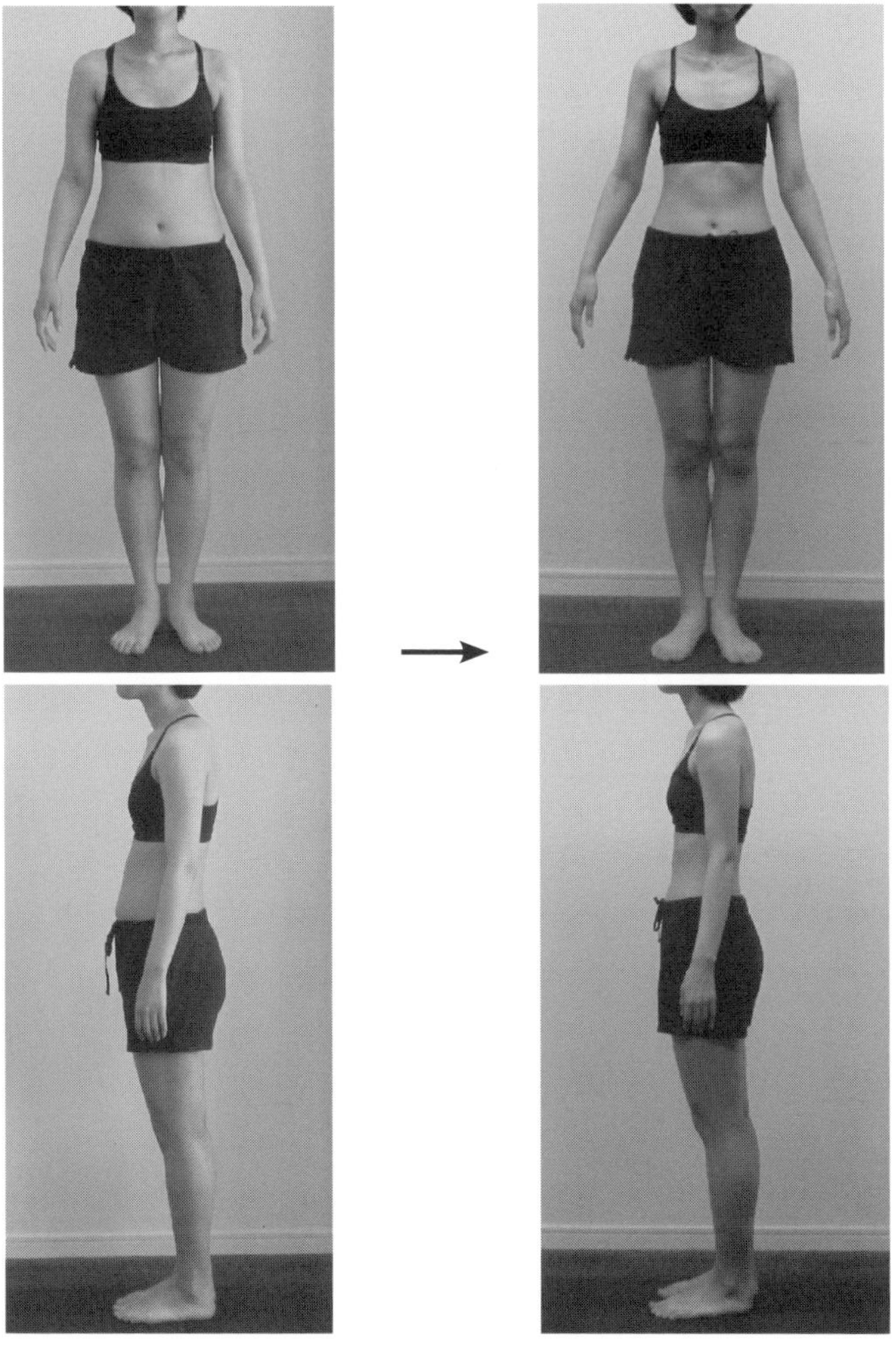

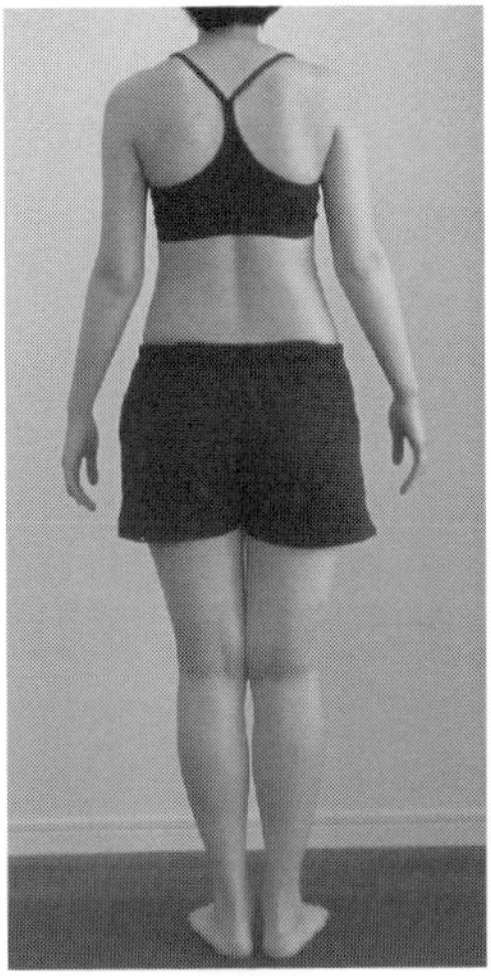

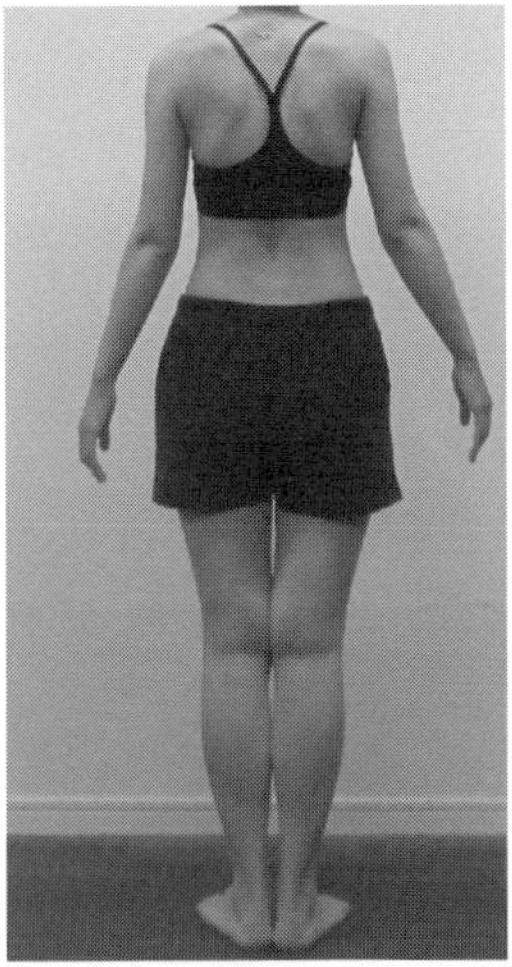

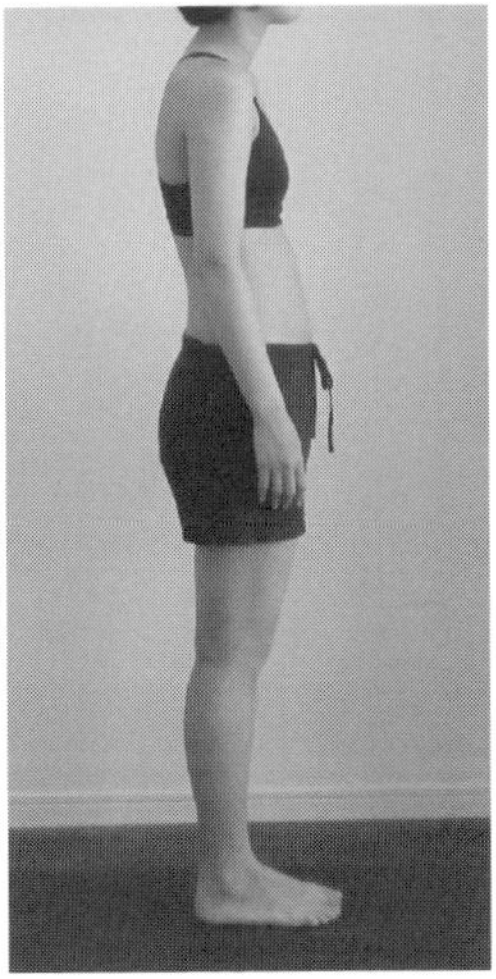

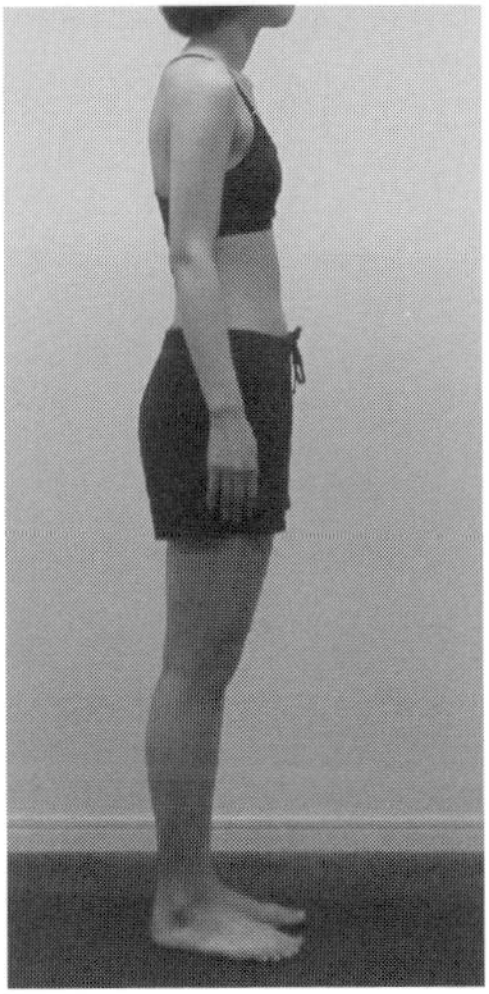

⑥20代前半　女性

期間60日

体重61・1kg↓55・85kg

体脂肪28・6%↓21・8%

【メニュー】

・スクワット

・シーシースクワット

・ラットプルダウン

・クランチ

・ベンチプレス

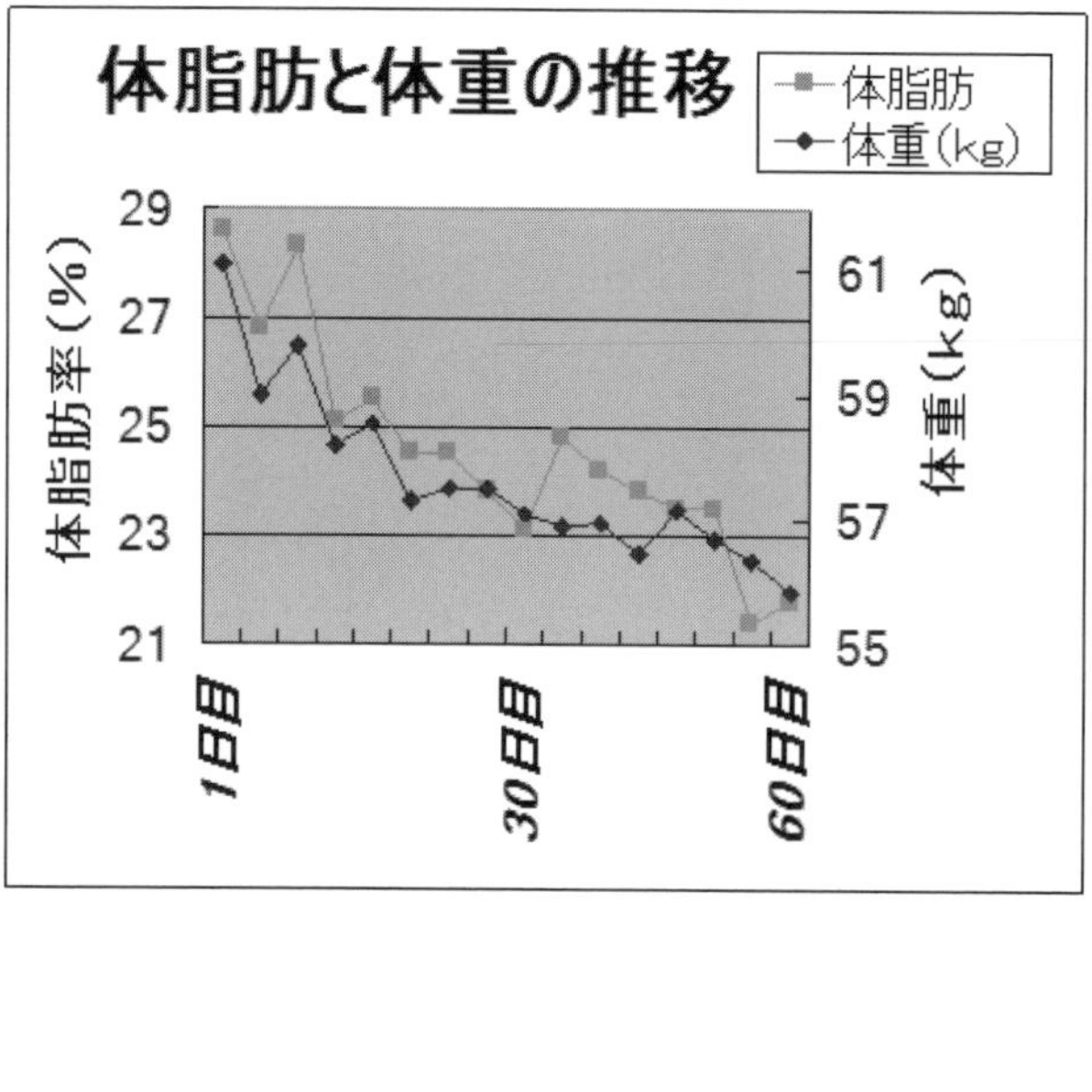

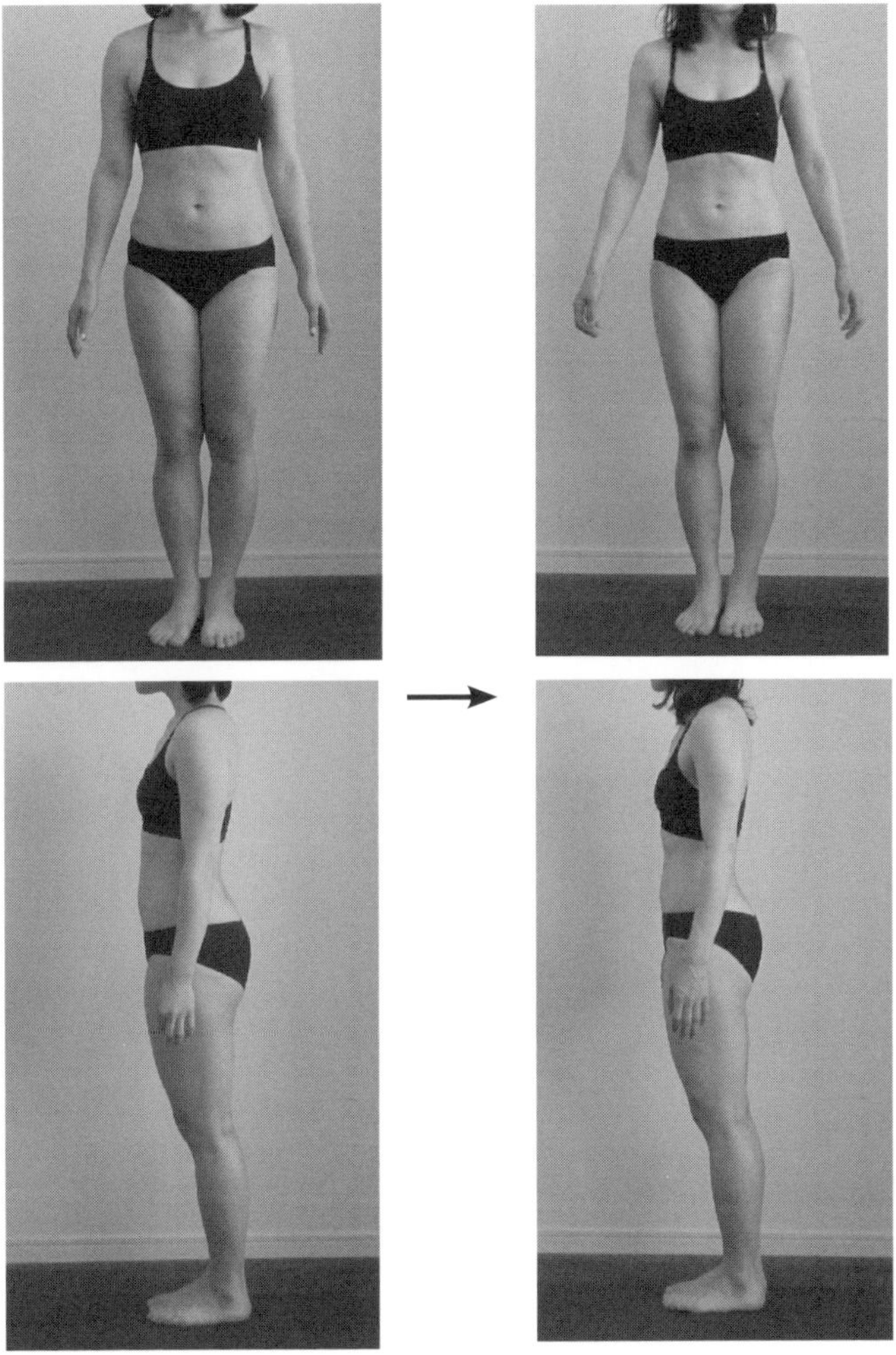

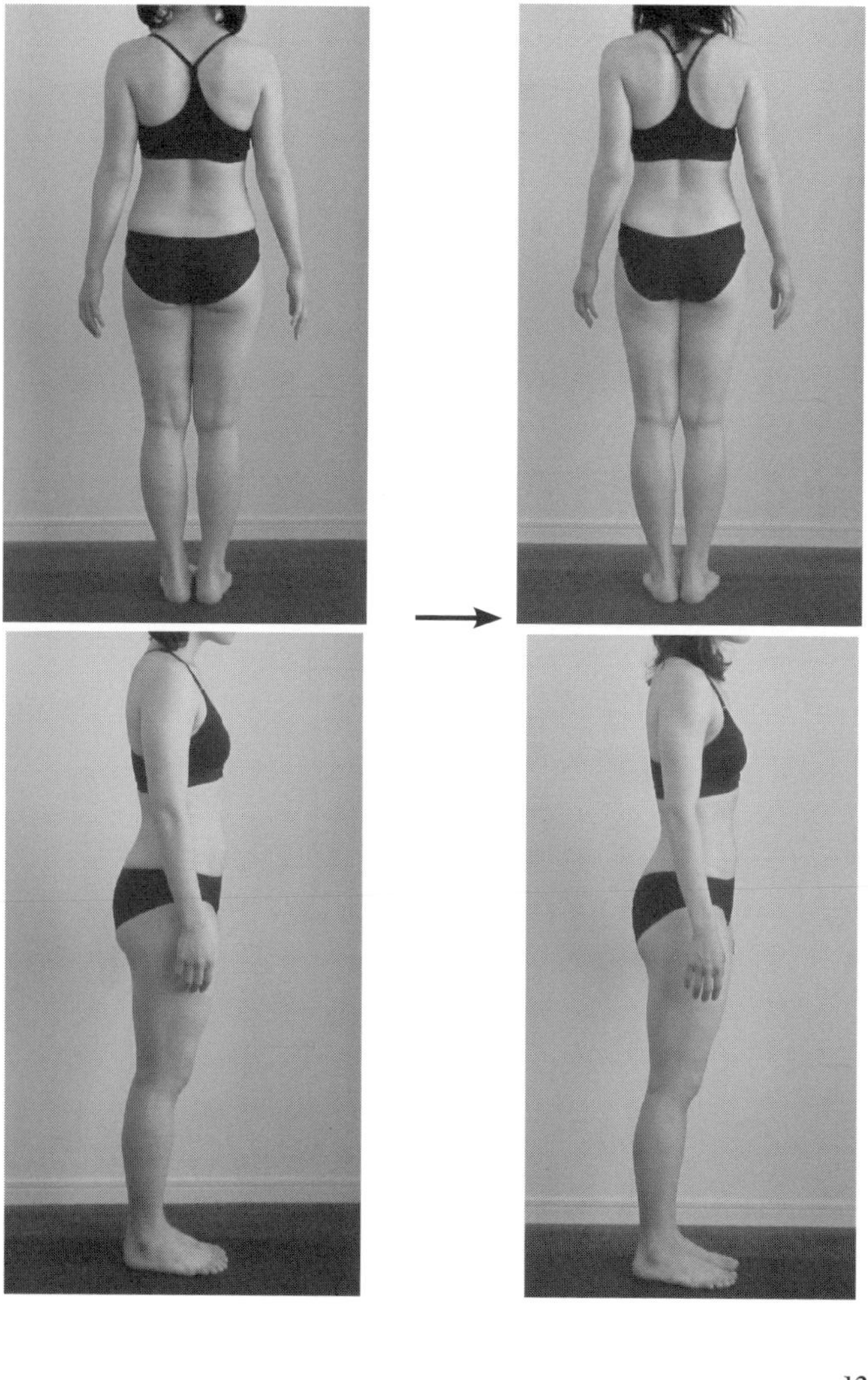

⑦30代前半　男性

期間60日

体重89・1kg↓73・0kg

体脂肪26・7%↓17・1%

【メニュー】

・スクワット

・ワンレッグスクワット

・シーシースクワット

・デッドリフト

・ベンチプレス

・クロスタッチ

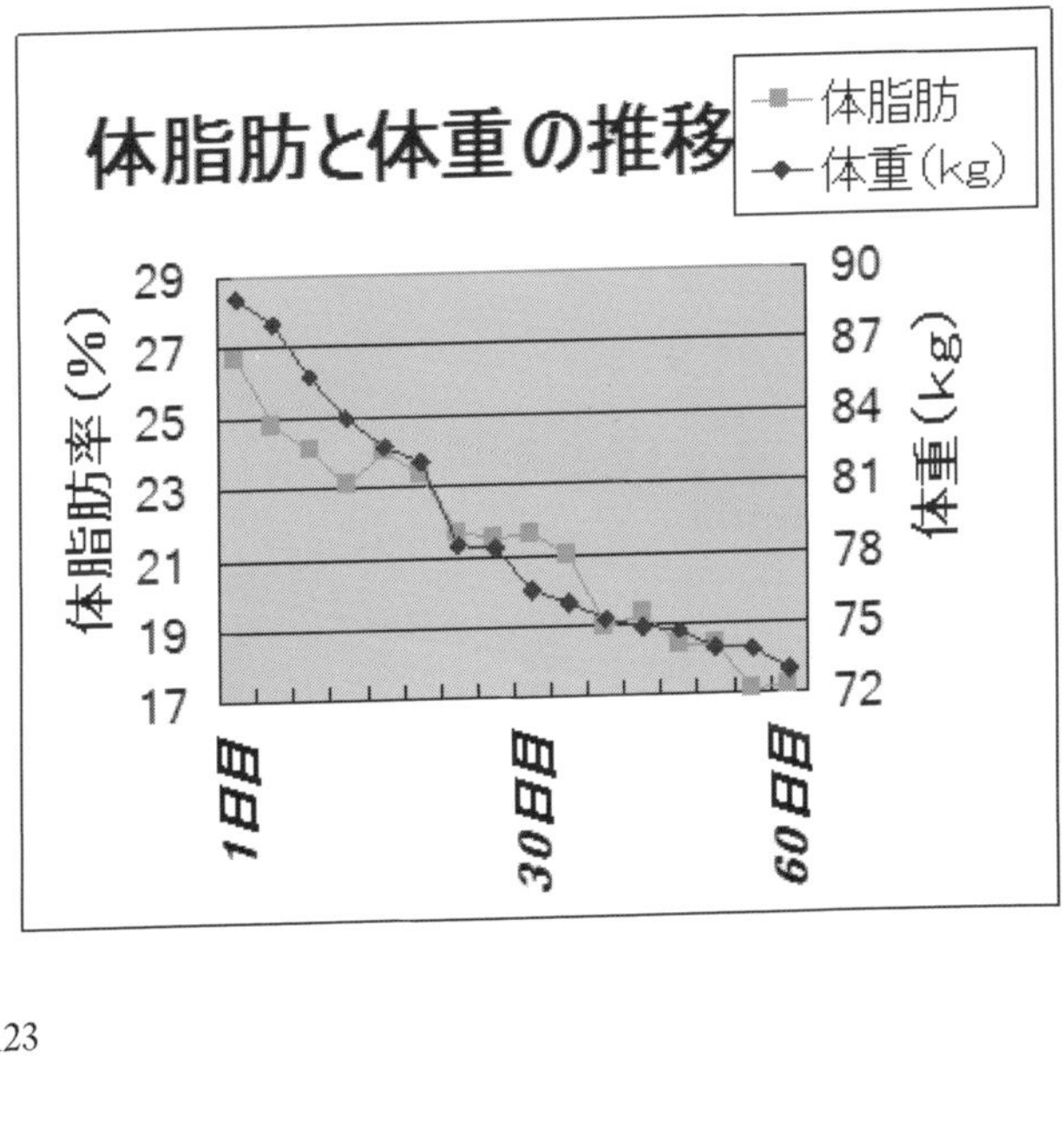

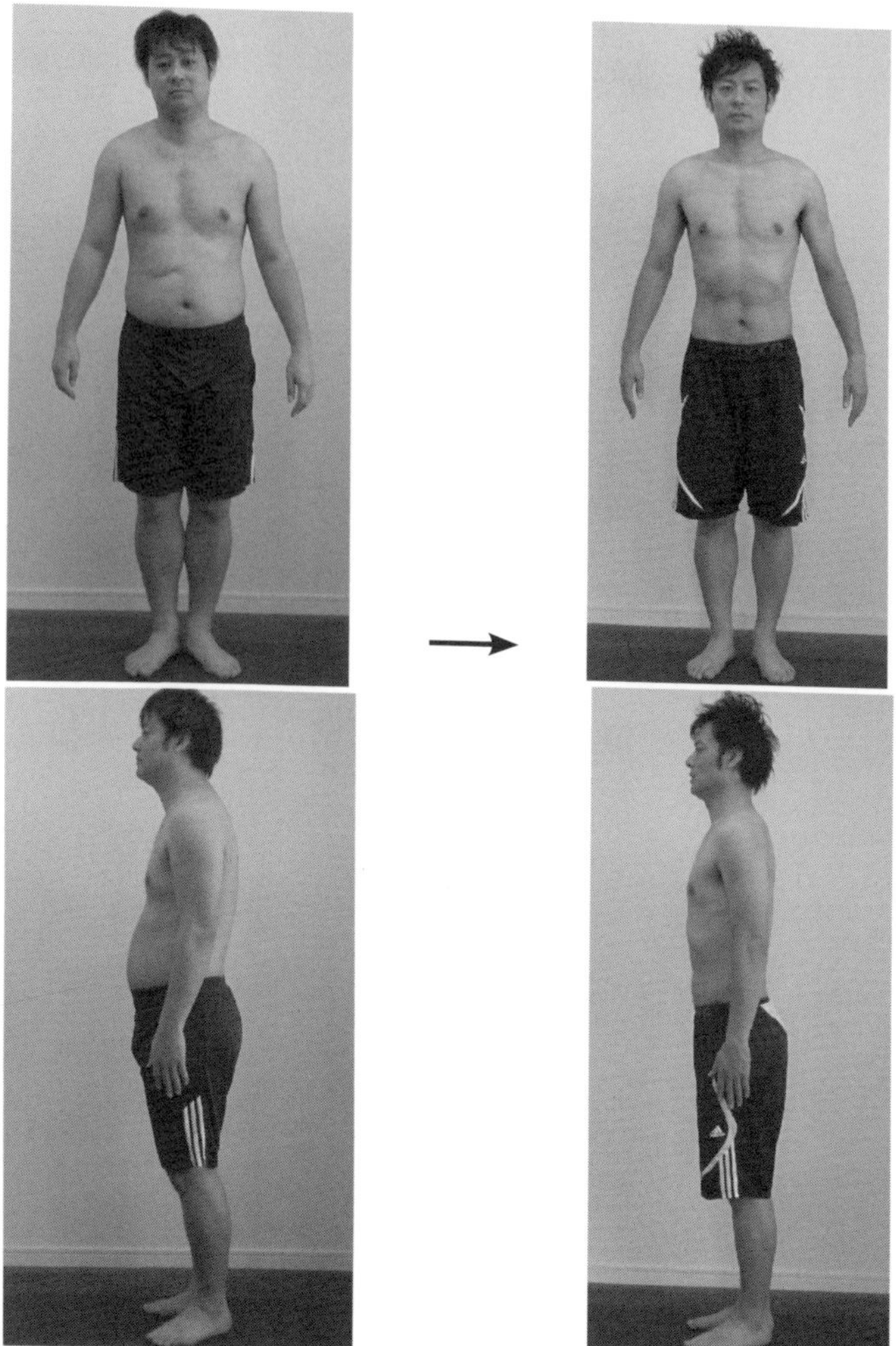

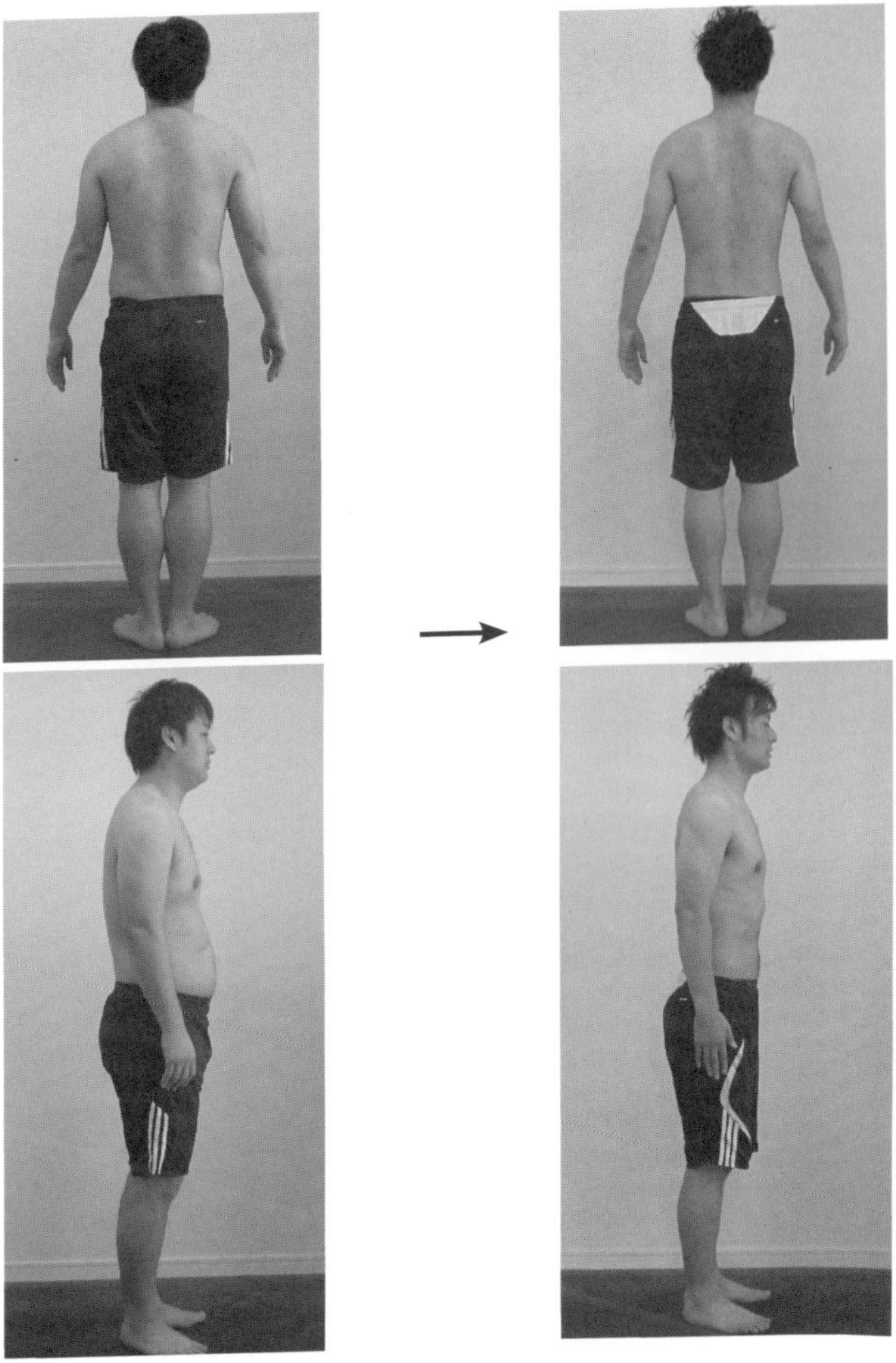

おわりに

本書を書くにあたって沢山の方々のご協力と機会をいただいたことに大変深く感謝しております。

また、家族の協力も得て出版することができました。

今後もスポーツやダイエット、フィットネスを通して多くの方々に健康を意識していただき、よりカッコいいからだを手に入れていただけたらと思います。

本当にありがとうございました。

【参考／トレーニング用紙】

日付 /	重さ/回数×セット数						
（種目） 1							
2							
3							
4							
5							
6							
7							

日付 /	重さ/回数×セット数						
（種目） 1							
2							
3							
4							
5							
6							
7							

著者略歴

アレン・アントニオ・恵（アレン・アントニオ・ケイ）
1987年4月生まれ。山口県出身
小学校～社会人まで18年間野球を続ける。
九州共立大学スポーツ学部スポーツ学科卒業後、大手フィットネスクラブに就職。25歳でＢＢＪ（ベストボディジャパン）入賞。
26歳で電子書籍「モテる筋トレ術」を出版し、1位獲得した。
現在、表参道でパーソナルジムの経営をする傍ら、今回処女作となる「ラクティスダイエット」を出版するに至った。

1日7分でかっこいいからだをつくる乳酸ダイエット

2014年10月24日　発行

著　者　アレン・アントニオ・恵 ©Antonio Kei Allen
発行人　森　　忠順
発行所　株式会社 セルバ出版
〒113-0034
東京都文京区湯島1丁目12番6号 高関ビル5B
☎ 03（5812）1178　FAX 03（5812）1188
http://www.seluba.co.jp/
発　売　株式会社 創英社／三省堂書店
〒101-0051
東京都千代田区神田神保町1丁目1番地
☎ 03（3291）2295　FAX 03（3292）7687

印刷・製本　モリモト印刷株式会社

Printed in JAPAN
ISBN978-4-86367-175-1